Das große DDR-Backbuch

W0305157

Das große DDR Backbuch

BILD UND HEIMAT

Bildnachweis:
picture alliance / akg-images / Straube: S. 5; Fotolia: S. 10, 18, 20, 22, 26, 28, 30, 32, 34, 44, 50, 56, 58, 62, 66, 68, 70, 72, 90, 92, 110, 112, 116, 128, 130, 132, 154, 156

Alle anderen Fotos stammen von Angelika und Frank Schenke.
Es war leider nicht in allen Fällen möglich, die Rechteinhaber zu ermitteln. Berechtigte Ansprüche bleiben gewahrt.

ISBN 978-3-95958-198-1

1. Auflage
© 2019 by BEBUG mbH / Bild und Heimat, Berlin
Umschlaggestaltung: BEBUG mbH, Berlin
Umschlagabbildungen: picture alliance / ZB / Sammlung Kotterba: o. r.;
picture alliance / akg-images / Straube: u. l.; alle übrigen: Fotolia

Printed in EU

Ein Verlagsverzeichnis schicken wir Ihnen gern:
BEBUG mbH / Verlag Bild und Heimat
Alexanderstr. 1
10178 Berlin
Tel. 030 / 206 109 – 0

www.bild-und-heimat.de

Inhalt

Beliebte Klassiker 9

Blech- und
Obstkuchen 37

Für den
Kindergeburtstag 61

Festliche Torten 75

Festtags- und
Kleingebäck 95

Herzhafte Backideen 149

Komet

Ein Streifzug durch die Backstuben der DDR

Saftige Blech- und Obstkuchen, herrliche Festtagstorten oder Süßes aus der Weihnachtsbäckerei – die Deutsche Demokratische Republik entwickelte ihre eigene Backkultur. Mit Ideenreichtum und Improvisation entstanden sowohl echte Klassiker unter den Backwaren als auch regionale Spezialitäten – von Rostock bis Berlin und von Suhl bis Dresden. Die in diesem Backbuch versammelten Rezepte zeigen, dass die Backkunst in ostdeutschen Landen abwechslungsreich, findig und wohlschmeckend war – und es bis heute ist.

Kommen Sie mit auf einen Streifzug durch die Backstuben der DDR und lassen Sie sich verführen vom Einfallsreichtum und der Vielfalt ostdeutscher Backkultur! Den besonderen Reiz dieses Backbuchs machen die vielen schönen Farbfotografien der bekannten Thüringer Fotografen Angelika und Frank Schenke aus. Ein Gutteil der Rezepte stammt aus der Feder der passionierten Hobbyköchin Veronika Burkhardt, die seit Jahrzehnten ostdeutsche Küchen- und Backtraditionen pflegt und dafür sorgt, dass sie von Generation zu Generation weitergegeben werden und nicht in Vergessenheit geraten.

Guten Appetit!

Beliebte Klassiker

Napfkuchen

500 g Mehl
1 Hefewürfel
⅛ Ltr. Milch
500 g Butter
3 Eier
250 g Zucker
250 g Rosinen
50 g Zitronat
1 EL Vanillezucker
Salz
4 EL Weinbrand

1 Rosinen in Weinbrand einweichen. Mehl in eine Schüssel geben, in einer Mulde in der Mitte die in lauwarmer Milch aufgelöste Hefe gießen, etwas Mehl darüberstreuen und abgedeckt ca. 30 Minuten aufgehen lassen.

2 Butter schaumig schlagen. Zusammen mit den übrigen Zutaten zu dem Hefestück geben und einen Teig kneten, bis er blasig wird. Den Teig in eine gefettete Gugelhupfform geben und noch einmal 1 Stunde an einem warmen Ort gehen lassen.

3 Napfkuchen im vorgeheizten Ofen bei mittlerer Hitze etwa eine Stunde hellbraun backen. Mit einem Holzpfeil probieren, ob er gut durchgebacken ist. Dann aus der Form stürzen und mit Puderzucker bestäuben.

Übrigens:
Am Zentralinstitut für Ernährung in Rehbrücke gab es den Versuch, Rosinen aus gezuckerten Apfelstückchen herzustellen – er scheiterte. Waren in der DDR Rosinen mal knapp, konnte man auch in Würfelchen geschnittenes Backobst verwenden.

Gerührter Gugelhupf

5 Eier
350 g Eier
300 g Zucker
300 g Mehl
1 Pck. Backpulver
1 Prise Salz
2 – 3 EL Eierlikör

1 Butter schaumig rühren, zwei Drittel des Zuckers darin auflösen. Die Eier trennen und das Eigelb in die schaumige Butter rühren. Das Mehl daraufsieben, Backpulver dazugeben und gut untermischen. Das Eiweiß steif schlagen und den restlichen Zucker hinzufügen. Etwas Eischnee unter den Teig mischen und den Eierlikör einrühren. Zum Schluss den restlichen Eischnee vorsichtig unterheben.

2 Den Teig in eine gut gefettete Gugelhupfform geben und im auf 200 Grad vorgeheizten Backofen ca. 50 – 60 Minuten backen.

Marmorkuchen

200 g weiche Butter
200 g Zucker
300 g Mehl
4 Eier
150 ml Milch
1 EL Zucker
25 g Kakaopulver
Salz
2 TL Backpulver

1 Den Backofen auf 175 Grad vorheizen und eine Gugelhupfform einfetten. Butter, 200 g Zucker und 1 Prise Salz mit einem Handrührer schaumig schlagen. Die Eier nacheinander zugeben und gründlich unterrühren. Mehl und Backpulver mischen und abwechselnd mit 100 ml Milch zügig unterrühren. ⅓ des Teiges abnehmen. Kakaopulver mit 1 EL Zucker mischen und zusammen mit 50 ml Milch mit dem Drittel des Teiges verrühren. Die Hälfte des dunklen Teiges in die Kuchenform geben. Den hellen Teig darübergeben und zuletzt den restlichen dunklen Teig einfüllen. Mit einer Gabel spiralförmig durch den Teig ziehen, so dass ein Marmormuster entsteht.

2 Den Kuchen 50 – 60 Minuten backen, danach mindestens 10 Minuten in der Form lassen und anschließend auf ein Gitter stürzen und abkühlen lassen.

Zitronenkuchen

200 g Mehl
3 – 4 Zitronen
200 g Speisestärke
1 TL Backpulver
400 g weiche Butter
400 g Puderzucker
5 Eier
2 – 3 EL weißer Rum

1 Von den Zitronen die Schale abreiben.
Den Saft auspressen. ⅛ Ltr. davon abmessen.
Mehl, Speisestärke und Backpulver in eine Schüssel geben und durchsieben.
Butter und Puderzucker cremig rühren, dann nach und nach die Eier unterrühren. ⅛ Ltr. des Zitronensaftes und die abgeriebene Zitronenschale zugeben, dann mit der Mehlmischung verrühren.

2 Den Teig in eine runde Gugelhupfform streichen, die man vorher ausgebuttert und gemehlt hat. Im vorgeheizten Ofen bei 200 Grad 45 Minuten ausbacken.

3 Restlichen Zitronensaft mit Rum verrühren.
Kuchen aus der Form stürzen und noch warm mit einem Holzstäbchen mehrmals einstechen und mit der Zitronensaft-Rum-Mischung tränken.

Übrigens:
Dieser Kuchen ist besonders saftig und erfrischend. Sollte er von Kindern gegessen werden, tränkt man ihn selbstverständlich nur mit Zitronensaft.

Eierlikörkuchen

250 g Butter
250 g Zucker
1 Pck. Vanillinzucker
5 Eier
250 g Mehl
1 Pck. Backpulver
¼ Ltr. Eierlikör
etwas Butter für die Backform
etwas Puderzucker

1 Die weiche Butter mit Zucker und Vanillinzucker schaumig rühren. Die Eier nach und nach zufügen und unterrühren. Das Mehl und das Backpulver vermengen, in die Schüssel sieben und alles zu einem Teig verarbeiten. Zum Schluss den Eierlikör nach und nach untermischen.

2 Eine Kranz-Backform gut ausfetten und mehlen. Den Backofen auf 180 Grad vorheizen. Den Kuchen auf mittlerer Schiene ca. 1 Stunde backen. Aus dem Ofen nehmen, abkühlen lassen und mit Puderzucker betreuen.

Meißner Quarktorte

175 g Butter
6 Eigelbe
1 TL unbehandelte, abgeriebene Zitrone
3 EL Zitronensaft
1 kg Quark (trocken)
100 g Grieß
1 EL Mehl
1 Pck. Backpulver
6 Eiweiß
1 Prise Salz
Fett für die Form
30 g Butter
Puderzucker zum Bestäuben

1 Butter schaumig rühren. Eigelbe, Zucker, Zitronenschale und Zitronensaft nach und nach zugeben und verrühren. Quark mit Grieß, Mehl und Backpulver vermengen und unter die Eigelbmasse arbeiten. Eiweiß mit 1 Prise Salz zu steifem Schnee schlagen und unter die Masse heben.

2 Eine Springform (28 cm) ausfetten, den Teig einfüllen. Die Torte im vorgeheizten Backofen bei 180 Grad 55 – 65 Minuten backen.

3 Noch heiß mit zerlassener Butter bestreichen und mit Puderzucker bestäuben.

Baumkuchen

250 g Butter
250 g Zucker
1 Pck. Vanillinzucker
6 Eier
150 g Mehl
100 g Speisestärke
3 TL Backpulver
100 g Marzipan
Bittermandelaroma
3 EL Rum
200 g Vollmilchkuvertüre

1 Eier trennen. Butter, Zucker, Eigelb, Vanillinzucker und Bittermandelaroma sehr schaumig rühren. Das Marzipan mit 3 EL Rum erwärmen und verrühren, zur Teigmasse geben und gut unterrühren. Mehl, Speisestärke und Backpulver esslöffelweise dazugeben. Das Eiweiß steif schlagen und dann unterheben.

2 Den Backofen auf erste Stufe Grill einstellen. Den Boden einer Springform mit Backpapier auslegen und ca. 3 EL Teig darauf verstreichen. Im vorgeheizten Backofen auf unterster Schiene ca. 3 Minuten goldbraun grillen. Dann wieder ca. 3 EL Teig darauf streichen und wieder ca. 3 Minuten grillen. Mit dem restlichen Teig weiter so verfahren. Den Kuchen dabei immer im Auge behalten, damit er nicht plötzlich zu dunkel ist.

3 Den abgekühlten Kuchen vom Formrand lösen und mit Vollmilchkuvertüre überziehen.

Übrigens:
Zentren des Baumkuchenbackens waren seit dem 18. Jahrhundert Dresden, Cottbus und Salzwedel. Insbesondere Salzwedel hat das Backwerk berühmt gemacht.

Eierschecke

Für den Hefeteig:
125 g Mehl
10 g Hefe
20 g Zucker
75 ml Wasser
20 g Butterschmalz
1 Prise Salz

Für die Quarkmasse:
300 g Quark (Halbfettstufe)
30 g Stärkemehl
1 Ei
einige EL Vollmilch
50 g Rosinen

Für die Scheckenmasse:
300 g Vanillepudding fertig aus Pulver zubereitet
120 g Butter
je 2 g Zitronen- und Vanillearoma
3 Eigelbe
4 Eiweiß
50 g Zucker
1 kleine Prise Salz

Das Mehl in eine Schüssel sieben, die zerkrümelte Hefe in der lauwarmen Milch verrühren, mit den übrigen Zutaten zum Mehl geben und alles zu einem geschmeidigen Teig verarbeiten. Mit einem Tuch abdecken und ca. 1 Stunde an einem warmen Ort gehen lassen. Den gut gegangenen Hefeteig nochmals durcharbeiten, ausrollen und auf das gefettete Backblech legen, dabei kleine Ränder hochdrücken. Nochmals kurz gehen lassen. Zur Quarkmasse alle angegebenen Zutaten außer Rosinen miteinander verrühren und auf den Teig streichen. Rosinen darüberstreuen. Zur Scheckenmasse den gekochten abgekühlten Pudding gut glatt rühren und dabei die flüssige Butter und das Aroma einarbeiten. Anschließend die glatt gerührten Eigelbe einrühren. Es muss eine glatte, homogene Creme entstehen. Unter die hebt man zum Schluss noch den Eischnee, der mit Zucker und 1 Prise Salz sehr fest geschlagen wurde. Im vorgeheizten Backofen bei 180 Grad ca. 55 Minuten backen. Die Scheckenmasse kann beim Backen plötzlich stark bräunen, also beachten und rechtzeitig eine Folie auflegen.

Übrigens:
Dies ist eine der besten Gebäckkreationen in Sachsen und Thüringen. Sie ist aufwendig in der Herstellung und wird leider in sehr unterschiedlichen Qualitäten angeboten. Hier ist ein Rezept für den Hausgebrauch, das etwas vereinfacht ist, jedoch ein sehr wohlschmeckendes Ergebnis liefert. Für den Kindergeburtstag kann man den Kuchen, wie abgebildet, mit Schokoladenguss überziehen und mit bunten Streuseln verzieren.

Leipziger Lerchen

Für den Mürbeteig:
250 g Mehl
150 g weiche Butter
75 g Zucker
1 Prise Salz
1 TL Weinbrand
12 eingefettete Tortenförmchen

Für die Füllung:
200 g Aprikosenkonfitüre
125 g weiche Butter
150 g Puderzucker
1 Eigelb
4 Eiweiß
175 g geriebene Mandeln
75 g Mehl
1 EL Stärkemehl
etwas Bittermandelöl

1 Für den Teig aus den Zutaten einen Mürbeteig kneten und ihn dann mindestens 1 Stunde im Kühlschrank ruhen lassen.
Den Teig etwa 5 mm dick mit einem Nudelholz ausrollen, rund ausstechen und in die eingefetteten Tortenförmchen drücken. Mit dem restlichen Teig 24 kleine, 1 cm breite Streifen für das Dekor schneiden und beiseite legen.

2 Für die Füllung nun die Butter in einer Schüssel schaumig schlagen, die anderen Zutaten bis auf das Eiweiß hinzugeben und vermischen. Das Eiweiß steif schlagen und anschließend unter die Füllung heben.

3 In die Formen etwas Konfitüre geben, und anschließend die Mandelmasse einfüllen und die Teigstreifen überkreuzt auf die Gebäckstücke legen. Im vorgeheizten Backofen werden die Leipziger Lerchen bei 170 Grad etwa 30 Minuten gebacken, bis sie goldgelb sind. Die Formen stürzen und die Lerchen sofort wieder umdrehen.

Übrigens:
Diese Spezialität geht auf eine Delikatesse im 18. Jahrhundert zurück: gefüllte Feldlerchen. Weil die Jagd auf die Singvögel ausuferte, wurde sie 1876 verboten. Daraufhin sollen Bäcker das süße Gebäck erfunden haben. Die überkreuzten Teigstreifen stehen für die Bänder, mit denen die Vögel zusammengebunden wurden.

Eberswalder Spritzkuchen

250 ml Milch
1 Prise Salz
1 EL Zucker
50 g Butter
abgeriebene Schale einer
½ unbehandelten Zitrone
200 g Mehl
5 Eier
Frittierfett
150 g Puderzucker
2 EL Zitronensaft

Milch, Salz, Zucker, Butter und Zitronenschale in einem Topf aufkochen. Vom Herd ziehen, Mehl auf einmal zugeben und mit einem Kochlöffel sofort unterrühren. Erhitzen, und so lange rühren, bis der Teig sich als Kloß vom Topfboden löst und sich eine weiße Schicht am Topfboden bildet. In eine Schüssel umfüllen und 10 Minuten abkühlen lassen. Eier nacheinander unterrühren, bis der Teig glänzt und schwer reißend vom Löffel fällt.
Aus Backpapier Quadrate (ca. 10 mal 10 cm) ausschneiden. Teig in einen Spritzbeutel mit Sterntülle füllen. Kreise (ca. 8 cm Durchmesser) auf das Backpapier spritzen. Mit der oberen Hälfte nach unten portionsweise in das heiße Frittierfett (ca. 180 Grad) geben. Backpapier dabei lösen. Unter einmaligem Wenden 3 – 4 Minuten goldbraun ausbacken. Mit einer Schaumkelle herausnehmen und auf Küchenpapier abtropfen lassen.
Für den Guss Puderzucker mit Zitronensaft glatt rühren, so dass eine dickflüssige Masse entsteht. Spritzkuchen mit dem Guss bestreichen.

Übrigens:
Die Stadt Eberswalde kennt das Gebäck seit 1832, als der Berliner Gustav Zietemann sich dort niederließ und in seiner Konditorei erstmals Spritzkuchen verkaufte. Da der Zuckerbäcker seine Waren ab 1842 an den Bahnhof lieferte, wo die neue Linie Berlin–Stettin verkehrte, verbanden Reisende den Namen Eberswaldes bald mit den schmackhaften Schmalzkringeln.

Prasselkuchen

600 g Blätterteig (tiefgekühlt)
1 Eigelb
1 EL Wasser
250 g Mehl
150 g weiche Butter
125 g Zucker
1 Pck. Vanillinzucker
1 Prise Zimt
Puderzucker

1 Backblech mit kaltem Wasser bespritzen. Blätterteig etwas auftauen lassen, ca. 5 mm dick ausrollen und auf das Blech legen. Eigelb mit Wasser verrühren. Teig damit bestreichen, Kanten frei lassen.

2 Für die Streusel Mehl, Butter, Zucker, Vanillinzucker und Zimt verkneten. Mit nassen Händen Streusel formen und auf dem Teig verteilen. Blech in den vorgeheizten Backofen schieben und bei 200 Grad ca. 30 Minuten backen. Nach dem Abkühlen mit reichlich Puderzucker bestreuen.

Übrigens:
Prasselkuchen ist ursprünglich eine Spezialität aus Sachsen. In der DRR war der Blitzkuchen ein Klassiker auf der Kaffeetafel.

Liebesknochen

Für den Teig:
375 ml Wasser
1 Prise Salz
100 g Butter
200 g Mehl
5 Eier

Für die Füllung:
500 ml Milch
125 g Puderzucker
1 Prise Salz
1 Pck. Puddingpulver
Vanillegeschmack
250 g Butter

Außerdem:
200 g Schokoladenfettglasur

Wasser, Salz und Butter aufkochen. Dann das Mehl zuschütten und auf kleiner Flamme so lange rühren, bis sich ein Kloß bildet. Vom Herd nehmen. Nachdem sich der Teig etwas abgekühlt hat, die Eier einzeln nach und nach unterrühren.

Ein Backblech fetten und mehlen. Teig in einen Spritzbeutel (große Tülle) füllen und etwa 10 cm lange Streifen auf das Blech spritzen. Auf genügend Abstand achten. Im vorgeheizten Ofen bei 200 Grad in ca. 20 Minuten goldgelb backen. Anständig abkühlen lassen.

Für die Füllung ca. 150 ml Milch mit dem Puddingpulver anrühren. Die restliche Milch, 100 g Puderzucker und Salz aufkochen, dann die Puddingmischung mit einem Schneebesen unterrühren. Den Topf vom Herd nehmen, den restlichen Puderzucker über den Pudding streuen. Abkühlen lassen.

Die weiche Butter schaumig schlagen. Wenn der Pudding völlig abgekühlt ist, den aufgestreuten Puderzucker unterrühren. Eventuell den Pudding durch ein Sieb streichen, damit er ganz glatt ist. Nun mit einem Mixer auf kleinster Stufe den Pudding löffelweise unter die Butter mischen.

Die abgekühlten Liebesknochen längs durchschneiden. Auf die untere Hälfte die Buttercreme streichen. Die Glasur nach Packungsanleitung schmelzen und die obere Hälfte der Liebesknochen damit überziehen. Wenn diese fest geworden ist, beide Teile zusammensetzen.

Übrigens:

Es waren die Berliner, die die feinen französischen Éclairs in Liebesknochen umbenannt haben.

Zupfkuchen

Für den Teig:
300 g Weizenmehl
30 g Kakao
2 gestrichene TL Backpulver
150 g Zucker
1 Pck. Vanillinzucker
1 Ei
150 g weiche Butter

Für die Füllung:
250 g Butter
500 g Magerquark
200 g Zucker
1 Pck. Vanillinzucker
3 Eier
1 Pck. Puddingpulver Vanillegeschmack

Mehl mit Kakao und Backpulver in einer Rührschüssel mischen. Die übrigen Zutaten für den Teig hinzufügen und alles mit einem Handrührgerät (Knethaken) zunächst kurz auf niedrigster, dann auf höchster Stufe zu einem Teig verarbeiten, anschließend zu einer Kugel formen. Teig in Frischhaltefolie gewickelt 30 Minuten kalt stellen.
Inzwischen für die Füllung die Butter in einem Topf zerlassen und abkühlen lassen. Boden einer Springform (26 cm Durchmesser) fetten. Backofen auf 180 Grad vorheizen. Knapp die Hälfte des Teiges auf dem Springformboden ausrollen. Vom übrigen Teig knapp die Hälfte zu einer langen Rolle formen, als Rand auf den Teigboden legen und so an die Form drücken, dass ein etwa 2 cm hoher Rand entsteht.
Quark mit Zucker, Vanillinzucker, Eiern, Puddingpulver und der zerlassenen Butter mit einem Schneebesen zu einer einheitlichen Masse verrühren, in die Form geben und glatt streichen. Den restlichen Teig in kleine Stücke zupfen und auf der Füllung verteilen. Die Form auf dem Rost in das untere Drittel des Backofens schieben und etwa 60 Minuten backen.

Übrigens:
Auch in der DDR war der Zupfkuchen beliebt. Erst später wurde er als »Russischer Zupfkuchen« bekannt – eine Erfindung von Dr. Oetker! Unter diesem Namen brachte die Firma 1993 ihre Zupfkuchen-Variante als Backmischung heraus, weil die Teigzupfen auf der Quarkmasse ungebacken an Spitzen von russischen Kirchtürmen erinnern.

7 Backhaus

Blech- und Obstkuchen

Pflaumenkuchen

Für den Hefeteig:
300 g Mehl
30 g frische Hefe
¼ Ltr. warmes Wasser
50 g Butter
1 Ei
50 g Zucker
1 TL Salz

Für den Belag:
1,5 kg Pflaumen oder Zwetschgen

Für die Streusel:
350 g Mehl
120 g Zucker
250 g Butter

***Übrigens*:**
Wenn man mal keine Zeit für langes Backen hat, einfach statt Streuseln Hagelzucker mit 1 EL Zimt vermengen und über die Pflaumen geben.

Das Mehl in eine Schüssel sieben. In die Mitte eine Mulde drücken. Die Hefe hineinbröseln und mit der warmen Milch auflösen. Den Vorteig mit etwas Mehl bestäuben. Die Schüssel mit einem Tuch bedecken und an einem warmen Ort gehen lassen, bis die Oberfläche vom Vorteig Risse bekommt. Die Butter zerlassen und zum Vorteig geben, dann das Ei, den Zucker und das Salz zufügen. Von der Mitte aus mit dem Mehl zu einem trockenen Teig verschlagen, bis er glatt ist und sich von der Schüsselwand löst. Erneut zudecken und abermals an einem warmen Ort so lange ruhen lassen, bis der Teig das doppelte Volumen erreicht hat.
Für den Belag die Pflaumen waschen, abtrocknen, halbieren und die Steine herauslösen. Die Hälften der Pflaumen vierteln, aber nicht ganz durchschneiden, so dass sie noch zusammenhängen.
Den geruhten Teig kurz zusammenstoßen, ausrollen und auf ein gefettetes Backblech legen. Mehrmals mit der Gabel in den Teig stechen, damit er beim Backen keine Blasen wirft. Die Pflaumen dachziegelartig auf den Teig schichten.
Für die Streusel Mehl, Zucker und Butter verkneten und zwischen den Fingern krümelig reiben. Die Streusel nun auf die Pflaumen geben und den Kuchen nochmals weitere 5 Minuten ruhen lassen.
In den auf 200 Grad vorgeheizten Backofen schieben und 25 – 30 Minuten ausbacken. Herausnehmen und noch heiß mit zerlassener Butter bestreichen. Wer es etwas süßer will, kann den Kuchen noch mit Puderzucker bestreuen.

Thüringer Rhabarberkuchen

Für den Teig:
300 g Mehl
125 g Butter
125 g Zucker
1 Ei
1 Prise Salz
½ TL Backpulver
1 Pck. Vanillinzucker

Für den Belag:
1 kg Rhabarber
250 g Zucker
1 Becher Sahne
2 Pck. Puddingpulver Vanillegeschmack
150 g Butter
2 Eier

1 Den Rhabarber putzen, waschen und in Stücke schneiden. In eine Schüssel geben, den Zucker darübergeben und über Nacht ziehen lassen. Am nächsten Tag gut abtropfen lassen, dabei den Saft auffangen.

2 Aus den Zutaten für den Teig einen Mürbeteig kneten, auf Backblechgröße ausrollen und auf ein gut gefettetes Blech legen. Den Rhabarbersaft mit Sahne zu einem ½ Ltr. Flüssigkeit auffüllen. Das Puddingpulver mit etwas Flüssigkeit anrühren, mit der Rhabarber-Sahne-Flüssigkeit zu einem festen Pudding kochen, die Butter gleich unterrühren, etwas abkühlen lassen und dann die Eier unterschlagen. Den Rhabarber untermischen und alles auf den Teig streichen.
Bei ca. 170 Grad etwa 25 Minuten backen.

Apfelstrudel

Für den Teig:

⅛ Ltr. Wasser
1 Ei
250 g Mehl
1 Prise Salz
50 g Butter
6 EL Öl
30 g Butter
3 EL Schlagsahne
⅛ Ltr. Milch

Für die Füllung:

250 g saure Sahne
1,5 kg saure Äpfel
1 unbehandelte Zitrone
100 g Zucker
3 TL Zimt
3 EL Rum
60 g Rosinen
150 g Mandeln
100 g Hasel- und Walnüsse

Übrigens:

Das Rezept reicht für 3 Strudel. Man kann ihn kalt genießen oder noch warm mit Vanillesauce oder Eis.

Wasser erwärmen, das Ei trennen. Mehl, Salz, Wasser, Öl und Eigelb in einer Schüssel mit Knethaken vermengen. Die Mischung auf einer Arbeitsfläche kräftig durchkneten, bis ein glatter Teig entstanden ist. Zu einem Kloß formen und in Folie gewickelt in eine mit heißem Wasser ausgespülte Schüssel hineinlegen und zugedeckt mindestens 30 Minuten ruhen lassen.

Die Butter schmelzen und beiseite stellen. Äpfel schälen und in Schnitze raspeln. Die Zitrone waschen, etwas Schale abreiben und den Saft auspressen. Die Äpfel mit der Zitronenschale, dem Saft, Zucker, Rum, Zimt, den Nüssen und Rosinen vermischen.

Ein Küchentuch auf der Arbeitsfläche ausbreiten und mit Mehl bestäuben. Den Teig in 3 gleich große Stücke teilen. Jedes Stück auf etwas Mehl ausrollen, hochheben und über beide Handrücken legen. Nun die leicht gewölbten Hände auseinanderführen und die Teigplatte vorsichtig gleichmäßig dehnen. Die Teigplatte glatt auf dem Küchentuch ausbreiten, den Rand nach außen ziehen, bis der Teig möglichst dünn ist. Mit flüssiger Butter bestreichen. Mit fein geriebenen Mandeln bestreuen und ⅓ der Füllung auf dem Teig verteilen; dabei rundherum genügend Platz lassen. Die Teigplatten an den Schmalseiten über der Füllung schließen. Das Küchentuch am Rand leicht anheben, den Strudel aufrollen und auf das mit Backpapier ausgelegte Blech legen.

Den Strudel auf der mittleren Schiene des Ofens auf ca. 200 Grad 1 Stunde backen, dabei immer wieder mit Sahne oder flüssiger Butter bestreichen. Im abgeschalteten Ofen noch 10 Minuten stehen lassen. Nach dem Herausnehmen nochmals mit flüssiger Butter bestreichen und erkaltet mit viel Puderzucker bestäuben.

Aprikosenkuchen

700 g Aprikosen
4 EL Zitronensaft
1 TL Zitronenabrieb
160 g Zucker
120 g Mehl
1 TL Backpulver
5 Eier
¼ Ltr. Rahm
60 g Butter
3 Blatt Gelatine
⅛ Ltr. Weißwein
3 EL Aprikosenmarmelade
eventuell 1 EL geröstete Mandelblättchen

1 300 g Aprikosen entsteinen und in kleine Würfel schneiden. Mit dem Zitronensaft vermischen.
Die Gelatine in kaltem Wasser einweichen.
100 g Zucker mit 3 Eigelben schaumig schlagen. Die Butter schmelzen lassen. Dann das Mehl mit dem Backpulver sieben und abwechselnd mit 3 steif geschlagenen Eiweißen darunterziehen. Eine Springform von etwa 24 cm Durchmesser mit ein wenig Butter bestreichen. Den Teig hineingießen und im vorgeheizten Ofen 15 Minuten bei 180 Grad backen. Nach der halben Backzeit mit Alufolie abdecken. Den Springformring lösen und das Biskuit erkalten lassen.

2 Den restlichen Zucker mit 2 Eigelben schlagen, bis eine weißliche Creme entsteht. Den Wein in einem Pfännchen erwärmen und die ausgepresste Gelatine darin auflösen. Unter die Eimasse ziehen und 10 Minuten kühl stellen. Das restliche Eiweiß steif schlagen und mit dem ebenfalls steif geschlagenen Rahm, den Aprikosenwürfeln samt Saft und dem Zitronenabrieb unter die Eimasse mischen.

3 Das erkaltete Biskuit auf eine Platte stellen. Den Springformrand wieder anbringen. Die Aprikosencreme einfüllen und 3 Stunden kalt stellen. Die restlichen Aprikosen (etwa 12 Stück) halbieren und mit der Wölbung nach oben dekorativ auf der Torte anordnen. Die Aprikosenkonfitüre durch ein Sieb streichen. Die Aprikosenhälften damit bestreichen und eventuell mit gerösteten Mandelsplittern garnieren.

Erdbeer-Joghurt-Schnitten

Für den Biskuitteig:
50 g Butter
3 Eier
75 g Zucker
1. Pck. Vanillinzucker
75 g Mehl
30 g Speisestärke

Für den Belag:
600 g frische Erdbeeren
1 Zitrone
3 Becher Vollmilchjoghurt
75 g Zucker
3 Becher Schlagsahne
½ Ltr. Erdbeersaft
14 Blatt weiße Gelatine

1 Butter schmelzen lassen, Eier trennen, Eiweiß steif schlagen, dabei Zucker und Vanillinzucker einrieseln lassen. Eigelbe nach und nach unterrühren. Dann Mehl und Speisestärke mischen, auf die Eicreme sieben und unterheben. Butter vorsichtig daruntergeben. Schaummasse auf ein mit Backpapier ausgelegtes Backblech streichen. Im vorgeheizten Backofen ca. 15 Minuten backen.

2 Zitrone heiß waschen und die Schale abreiben. Saft auspressen. 8 Blatt Gelatine einweichen, mit Joghurt, Zitronenschale und -saft verrühren. 2 Becher steif geschlagene Sahne unterheben. Nicht zu große, gewaschene Erdbeeren auf dem Biskuitboden verteilen, Joghurtsahne darauf glatt streichen. Ca. 2 Stunden kalt stellen.

3 Restliche Gelatine mindestens 5 Minuten einweichen, danach ausdrücken und auflösen. In den Erdbeersaft rühren und kalt stellen. Sobald der Saft zu gelieren beginnt, auf die Joghurtsahnecreme gießen. Ca. 1 Stunde kalt stellen.

4 1 Becher Sahne steif schlagen. In einen Spritzbeutel mit Sterntülle füllen. Kuchen in ca. 4–6 cm große Stücke schneiden. Mit Sahnetupfer und den restlichen Erdbeeren verzieren.

Übrigens:
In der DDR wurden Erdbeeren großflächig angebaut, so dass im Sommer kein Mangel daran herrschte.

Pflaumenauflauf

1 kg Pflaumen
300 g Zucker
80 g Butter
1 Prise Salz
4 Eier (getrennt in Eigelb und Eiweiß)
1 EL Zitronensaft
2 EL Weinbrand
1 TL Zitronenabrieb
250 g Mehl
60 g gehackte Mandeln
½ Pck. Backpulver
Öl oder Butter

Die gewaschenen Pflaumen halbieren und entsteinen. 100 g Zucker darüberstreuen. Die Butter mit 1 Prise Salz, 200 g Zucker und den Eigelben schaumig rühren. Zitronensaft, Weinbrand und Zitronenabrieb zugeben. Gesiebtes Mehl, Mandeln und Backpulver unterrühren. Aus dem übrig gebliebenen Eiweiß Eischnee schlagen. Den steifen Eischnee vorsichtig unter den Teig heben. Eine feuerfeste Form mit Öl oder Butter ausfetten, die Hälfte des Teiges hineingeben. Die Pflaumen darüber verteilen und mit dem restlichen Teig bedecken. Im vorgeheizten Ofen bei Mittelhitze (170 – 180 Grad) gut 1 Stunde goldgelb backen. Mit Puderzucker bestreuen.

Übrigens:

Pflaumen sind rundlicher als Zwetschgen und haben eine deutlichere Fruchtnaht, sie lassen sich nicht so gut entsteinen. Zwetschgen haben weniger Wasser und mehr Zucker als Pflaumen, deshalb sind sie ideal für Kuchen. Gegen die hässlichen braun verfärbten Finger nach dem Entsteinen hilft frischer Zitronensaft sehr gut.

Kokos-Bienenstich

Für den Teig:
140 g Butter
120 g Zucker
1 Pck. Vanillezucker
3 Eier
250 g Mehl
½ Pck. Backpulver
1 TL Natron
150 g saure Sahne

Für den Belag:
250 g Butter
180 g Zucker
1 Pck. Vanillezucker
200 g Kokosraspel
4 – 5 EL Milch
200 ml Sahne

Für den Teigboden wird die zimmerwarme Butter mit dem Zucker, Vanillezucker und den Eiern mit einem Handmixer schaumig gerührt, dann gibt man das mit dem Backpulver und Natron vermischte, gesiebte Mehl portionsweise dazu und rührt jedes Mal alles gut ein. Zum Schluss wird noch die saure Sahne untergerührt. Dann verteilt man den Teig gleichmäßig auf dem gefetteten oder mit Backpapier ausgelegten Blech. Der Backofen wird auf 200 Grad Ober-/Unterhitze oder 180 Grad Umluft. Nun erwärmt man die Butter für den Belag in einem Topf bei mäßiger Hitze, wenn sie geschmolzen ist, gibt man Zucker, Vanillezucker, Kokosraspel und Milch dazu und verrührt das Ganze. Nachdem die Belagmasse etwas abgekühlt ist, verteilt man sie gleichmäßig auf dem Teigboden, und das Blech kann nun in die vorgeheizte Backröhre.
Nach ca. 20 – 25 Minuten ist der Kuchen fertig gebacken, man nimmt ihn dann heraus und gießt sofort die flüssige Sahne gleichmäßig über den noch heißen Kuchen, dadurch zieht sie besonders schnell ein und der Kuchen wird so wunderbar saftig. Danach nur noch abkühlen lassen und servieren oder selbst genießen!

Übrigens:
In der DDR war das Rezept eine clevere Alternative für den klassischen Bienenstich mit Mandeln. Kokosraspel aus den Philippinen waren besser zu importieren als Mandeln.

Hirschhornsalz

Hirschhornkuchen

250 g Zucker
250 g Butter
½ Tasse Milch oder 2–3 EL Rum
300–400 g Mehl
1–2 TL Hirschhornsalz
4 Eier
Abrieb einer ½ ungespritzten Zitrone
1 Prise Salz

1 Eier mit Zucker cremig aufschlagen, dann die weiche, aber nicht zerlassene Butter zugeben und weiter rühren. Hirschhornsalz in der Milch oder im Rum gut auflösen und mit der Zitronenschale und Salz zu der Masse geben. Gesiebtes Mehl darübergeben und kräftig rühren. Der Teig sollte nicht zu weich, aber dennoch schön cremig sein.

2 Den Teig auf ein gefettetes Backblech streichen. Bei 180–200 Grad ca. 10 Minuten backen. Nach dem Erkalten eventuell mit Zuckerstreusel bestreuen oder mit einer einfachen Staubzucker-Milch-Glasur bestreichen. Dazu nimmt man 100 g Staubzucker und etwa 2 EL heiße Milch. Beides gut und schnell verrühren und auf den noch heißen Kuchen streichen.

Übrigens:
Ein traditionelles Rezept aus Thüringen!

Mohnkuchen

Für den Hefeteig:
300 g Mehl
20 g Hefe
¼ Ltr. Milch
80 g Margarine
50 g Zucker
1 Prise Salz

Für den Belag:
½ Ltr. Milch
125 g Zucker
1 Prise Salz
65 g Grieß
500 g gemahlenen Mohn
½ TL Zimt
125 g Butter
3 Eier
100 g in Rum getränkte Rosinen
2 – 3 EL Apfelmus

1 Für den Teig aus der Hefe und der Milch ein Hefestück bereiten. Das Mehl in eine Schüssel sieben und das Hefestück in die Mitte vom Mehl legen. An einem warmen Ort 60 Minuten gehen lassen.
Danach Zucker, Salz und die erwärmte Margarine dazugeben und alles zu einem geschmeidigen Teig verkneten. Den Teig ausrollen und auf ein Backblech legen.

2 Für den Belag Milch, Zucker und Salz aufkochen. Den Grieß einstreuen und darin quellen lassen. Mohn, Zimt und zerlassene Butter untermengen.
Wenn die Mohnmasse erkaltet ist, die Eier und die Rosinen hinzufügen. Zuletzt das Apfelmus einrühren. Die Mohnmasse auf den Teig streichen und bei 180 Grad 20 Minuten backen.

LPG-Kuchen

25 g Zucker
4 Eier
150 ml Sahne
225 g Mehl
½ Pck. Backpulver
1 Pck. Puddingpulver Sahnegeschmack
½ Ltr. Milch
250 g Butter
3 EL Zucker
4 EL Kakaopulver
125 g Kokosfett
1 Ei
250 g Butterkekse
etwas Weinbrand

1 Den Pudding mit ½ Ltr. Milch und 2 EL Zucker kochen, kalt werden lassen. Den Teig für den Boden aus den ersten 5 Zutaten zusammenrühren, auf ein Backblech streichen und ca. 20 Minuten bei 175 Grad backen.

2 Erkalteten Pudding mit der Butter zu einer Buttercreme verrühren (Pudding und Butter sollten die gleiche Temperatur haben). Auf dem gebackenen Boden verteilen. Danach die Kekse in Weinbrand tränken und auf die Buttercreme legen.

3 Das Kokosfett in einem Topf schmelzen, in eine Schüssel geben und mit 1 EL Zucker und dem Kakao schnell verrühren. Zuletzt ein Ei darunterrühren. Wenn eine glatte Masse entstanden ist, den Schokoladenguss auf die Kekse streichen.

Übrigens:
Der Name dieses Blechkuchens geht auf die Landwirtschaftlichen Produktionsgenossenschaften (LPG) der DDR zurück. Er wurde vermutlich um 1965 in Thüringen erfunden und soll den Zusammenschluss kleiner Agrarflächen zur kollektiven LPG-Fläche versinnbildlichen.

Teufelskuchen

250 g Margarine
300 g Zucker
4 Eier
30 g Kakao
300 g Mehl
1 EL Hirschhornsalz
250 g saure Sahne
etwas Weinbrand

1 Margarine und Zucker schaumig rühren, die Eier nach und nach dazugeben. Das Hirschhornsalz in der sauren Sahne auflösen. Die restlichen Zutaten zugeben und verrühren.

2 Auf ein gefettetes und gemehltes Blech aufstreichen und bei 180 Grad im Umluftofen 25 Minuten backen. Wer möchte, kann den Kuchen nach dem Erkalten mit Zuckerguss überziehen, sofort mit Schokolade bespinnen und die Schokolade mit einem Messer verziehen, so dass ein Muster entsteht.

Übrigens:
Ein einfacher, aber leckerer Schokoladenkuchen, der lange saftig bleibt.

Für den Kindergeburtstag

Papageienkuchen

250 g Butter
250 g Zucker
5 Eier
2 EL Schlagsahne
250 g Mehl
1 Pck. Backpulver
1 Pck. Soßenpulver Vanillegeschmack
je ½ Pck. Götterspeise Himbeer- und Waldmeistergeschmack
2 EL Puderzucker zum Bestäuben
Fett und Semmelbrösel

1 Butter und Zucker schaumig rühren. Eier und Sahne nach und nach unterrühren. Mehl und Backpulver mischen und unter die Masse rühren. Teig in 3 Teile teilen. Soßenpulver unter einen Teil, Himbeerpulver unter den zweiten Teil und unter den Rest das Waldmeisterpulver rühren.

2 Eine Gugelhupfform fetten und mit Semmelbröseln ausstreuen. Zunächst einen Gutteil des hellen Teiges hineinfüllen und glatt streichen. Darauf die farbigen Teige streichen und mit dem hellen Teig abschließen. Im vorgeheizten Backofen bei 175 Grad ca. 1 ¼ Stunden backen.

3 Eventuell zwischendurch abdecken. Kuchen etwas auskühlen lassen und auf ein Kuchengitter stürzen. Vollständig auskühlen lassen und mit Puderzucker bestäuben oder Zitronenglasur bepinseln.

Kalter Hund

200 g Kokosfett
ein sehr frisches Ei
2–4 EL Zucker
5 EL Kondensmilch
4 EL Kakaopulver
1 TL Espressopulver
28 Butterkekse
Kakaopulver zum Bestäuben

1 Das Kokosfett in einem Topf bei geringer Wärme auf dem Herd schmelzen und anschließend abkühlen lassen. Das Ei mit dem Zucker, der Kondensmilch, dem Kakaopulver und dem Espressopulver schaumig rühren. Das noch flüssige, abgekühlte Kokosfett unterrühren. Eine Kastenform mit Frischhaltefolie auslegen. Abwechselnd eine Schicht Schokoladencreme und Kekse in die Form schichten. Mit Creme abschließen. Den Kuchen mit Frischhaltefolie abdecken.

2 Im Kühlschrank 2 Stunden durchkühlen lassen. Vor dem Servieren vorsichtig aus der Form lösen, die Folie abziehen und mit Kakaopulver bestäuben. Den Kuchen in Scheiben schneiden und eventuell mit steif geschlagener Sahne servieren.

Übrigens:
Kalter Hund war in der DDR auf Kindergeburtstagen und Partys sehr beliebt. Seinen Namen erhielt er einerseits wegen seiner Aufbewahrung im Kühlschrank, andererseits erinnert die Kastenform an Förderwagen aus dem Bergbau, die auch als »Hund« bezeichnet wurden. Ein anderer Name für den Kuchen ist »Kalte Schnauze«.

Schneewittchenkuchen

Für den Teig:
180 g Margarine
180 g Zucker
3 Eier
5 EL Milch
375 g Mehl
1 Pck. Backpulver
1 EL Kakao
750 g Sauerkirschen

Für die Creme:
1 ½ Pck. Puddingpulver
500 ml Kirschsaft
6 EL Zucker
200 g Butter

Für den Guss:
175 g Blockschokolade
50 g Kokosfett
1 EL Öl
eventuell Puderzucker

1 Zutaten für den Teig (ohne Kakao, nur 3 EL Milch) verrühren und ⅔ gleichmäßig auf ein gefettetes Blech streichen. Den übrigen Teig mit Kakao und dem Rest der Milch verrühren und über die erste Teigschicht gleichmäßig verteilen. Die Kirschen gleichmäßig über die Teigschichten verteilen und alles im Ofen ca. 30 Minuten bei 175 Grad backen.

2 Für die Creme Pudding mit Kirschsaft und dem Zucker kochen und abkühlen lassen. Mit der weichen Butter cremig rühren. Schokolade im Wasserbad schmelzen. Das flüssige Kokosfett und das Öl zugeben, abkühlen lassen. Den abgekühlten Kuchen zuerst mit der Creme bestreichen, den Schokoguss gleichmäßig darüber verteilen, alles kühl stellen. Vor dem Servieren eventuell mit etwas Puderzucker bestäuben.

Rehrücken

- 120 g Zartbitterkuvertüre
- 100 g Vollmilchschokolade
- 4 Eier
- 100 g Butter
- 160 g Zucker
- 100 g Mandeln
- 60 g Mandelstifte
- 100 g Mehl
- 2 EL Aprikosenmarmelade

1 Den Backofen auf 170 Grad vorheizen. Eine längliche Backform einfetten und mit Semmelbröseln ausstreuen. Die Vollmilchschokolade fein reiben. Die Eier trennen und das Eiweiß steif schlagen. Die Butter mit dem Zucker und den Eigelben schaumig rühren. Die Schokolade, die Mandelstifte und das Mehl mit der Hälfte des Eischnees unter die Buttercreme rühren. Den restlichen Eischnee unterheben. Den Teig in die Form füllen und den Kuchen im Backofen ca. 50 Minuten backen. Anschließend auskühlen lassen.

2 Die Aprikosenkonfitüre mit etwas Wasser unter Rühren erhitzen und durch ein Haarsieb streichen. Den Kuchen damit überziehen. Die Kuvertüre im Wasserbad schmelzen und den Kuchen damit überziehen. Den fertigen Rehrücken mit Mandelstiften spicken.

Übrigens:
Auch in der DDR gab es dafür eine spezielle Aluminiumbackform, die an einen Rehrücken erinnerte.

Selterskuchen

1 Zitrone
4 Eier
300 g Zucker
1 Pck. Vanillezucker
450 g Mehl
1 Pck. Backpulver
250 ml Sonnenblumenöl
250 ml Selters
150 g Puderzucker
Streusel oder Schokolinsen nach Belieben

1 Die Zitrone heiß abspülen und die äußerste Schale fein abreiben. Eier, Zucker und Vanillezucker in eine Rührschüssel geben mit dem Rührbesen des Handrührgerätes sorgfältig cremig aufschlagen. Mehl mit Backpulver mischen und über den Teig sieben. Kurz bei geringster Stufe unterrühren.

2 Das Öl zum Teig geben und kurz verrühren. Dann Selters und abgeriebene Zitronenschale ebenfalls untermixen. Den Selterskuchen in den vorgeheizten Ofen bei 180 Grad Umluft ca. 20 – 25 Minuten backen. Danach abkühlen lassen.

3 Die Zitrone auspressen und den Saft mit Puderzucker glatt rühren. Den Kuchen mit dem Zuckerguss bestreichen und mit Streuseln oder Schokolinsen verzieren.

Übrigens:
Statt mit Zitronenguss läst sich der Selterskuchen auch wunderbar mit Schokoladenguss verzieren. Dafür 200 g Schlagsahne in einem Topf erhitzen und 200 g gehackte Zartbitterschokolade darin glatt rühren.

Ameisenkuchen

4 Eier
250 g Butter
300 g Mehl
200 g Zucker
1 Pck. Backpulver
1 Prise Salz
1 Pck. Schokoladenstreusel
Semmelbrösel und etwas
Fett für die Springform

1 Ofen auf 170 Grad Umluft vorheizen. Zunächst die Eier trennen und die Dotter mit der Butter und dem Zucker schaumig schlagen. Das Mehl mit dem Backpulver mischen und unter ständigem Rühren mit dem Handrührgerät durch ein Sieb zu der Ei-Butter-Masse hinzufügen. Den Teig bei höchster Stufe des Handrührgerätes mindestens 3 Minuten rühren.

2 Das Eiweiß der vier Eier mit 1 Prise Salz ganz steif schlagen. Zunächst die Schokoladenstreusel und dann vorsichtig das Eiweiß unter den Teig heben.

3 Eine Kastenform fetten und mit Semmelbröseln mehlen, den Teig in die Form füllen. Backzeit je nach Form ca. 40 – 50 Minuten. Bevor der Kuchen herausgenommen wird, ist eine Stäbchenprobe ratsam.

Festliche Torten

Himbeertorte

Für den Mürbeteig:
200 g Mehl
100 g Margarine
80 g Zucker
1 Ei
1 Prise Salz
etwas Milch

Für den Belag:
½ Ltr. Milch
50 g Butter
100 g Zucker
1 Pck. Puddingpulver
1 Pck. Vanillinzucker
1 Ei
200 g Puderzucker
700 g Himbeeren

1 Das Mehl in eine Schüssel sieben. In die Mitte eine Mulde drücken. Die Margarine in Flöckchen auf den Rand verteilen, den Zucker und das Salz daraufstreuen, das verrührte Ei in die Vertiefung geben. Mit einem großen Messer alle Zutaten vermischen, dann rasch zu einem glatten Teig verkneten und 30 Minuten kalt stellen.

2 Teig ausrollen, in eine gefettete Springform geben und mehrmals mit der Gabel einstechen, damit er sich beim Backen nicht wölbt. Für den Tortenrand den überstehenden Teig abschneiden und eine Rolle formen, den Rand der Teigplatte mit Milch bestreichen, die Rolle darauflegen und am Rand festdrücken. Im vorgeheizten Backofen bei 180 Grad ca. 20–25 Minuten backen.

3 Für den Belag Milch, Butter und Zucker aufkochen, vom Herd nehmen, das in Wasser angerührte Puddingpulver einrühren und die Masse kurz aufkochen lassen. Während des Erkaltens rühren, dabei das Eigelb und den Vanillinzucker hinzufügen. Die Masse auf den gebackenen Tortenboden streichen, mit den gewaschenen, gut abgetropften Beeren belegen. Das Eiweiß steif schlagen, die Hälfte des Puderzuckers unterziehen und den Schnee am Rand aufspritzen. Die Torte noch mal kurz in den Ofen schieben, damit der Eischnee fest wird. Wenn sie erkaltet ist, mit dem restlichen Puderzucker bestäuben.

Gemischte Beerentorte

Für den Mürbeteig:
100 g Mehl
20 g gemahlene Walnüsse
20 g Zucker
1 Pck. Vanillinzucker
80 g Butter

Für die Creme:
500 g Vollmilchjoghurt
Saft und Abrieb von 2 Orangen
80 g Zucker
1 Pck. Vanillinzucker
1 Vanilleschote
8 Blatt weiße Gelatine

Für den Belag:
300 g Erdbeeren
100 g Himbeeren
100 g rote Johannisbeeren
100 g Brombeeren

Für den Guss:
1 Pck. heller Tortenguss
2 EL Zucker
⅛ Ltr. klarer Apfelsaft
⅛ Ltr. Weißwein
4 EL gehobelte Mandeln

1 Mehl, Walnüsse, Zucker, Vanillinzucker und Fett mit 1 EL Wasser zu einem glatten Teig verkneten, in Folie wickeln und 30 Minuten kalt stellen.
Teig in eine gefettete Springform drücken, mehrmals mit der Gabel hineinstechen und im vorgeheizten Backofen bei 180 Grad 15 Minuten backen. Nach dem Abkühlen aus der Form nehmen.

2 Joghurt, Orangensaft und -abrieb, Zucker, Vanillinzucker und das ausgeschabte Mark der Vanilleschote verrühren. Gelatine in kaltem Wasser einweichen, ausdrücken und bei milder Hitze auflösen. In die Creme rühren.
Einen Springformrand um den Tortenboden legen und die Creme halbfest daraufgeben. Im Kühlschrank 3 Stunden fest werden lassen.

3 Früchte waschen, putzen und trocken tupfen. Auf die Creme verteilen. Tortenguss mit Zucker und 3 EL Apfelsaft verrühren. Restlichen Saft und Wein aufkochen, Tortenguss einrühren, erneut aufkochen. Beeren damit überziehen. Tortenrand mit Mandelblättchen bestreuen.

Himbeerschaumtorte

Für den Biskuitteig:
4 Eier
100 g Zucker
100 g Mehl
1 TL Backpulver
25 g Speisestärke

Für den Belag:
250 g Quark
1 Becher Schmand
100 g Puderzucker
Vanillemark
1 abgeriebene Zitronenschale
6 Blatt Gelatine
1 kg Himbeeren
1 Glas Sekt
50 g Zucker
1 Prise Sternanis
Himbeergelee

1 Für den Teig Eier und Zucker auf warmer Herdplatte 3 Minuten schaumig schlagen, vom Herd nehmen und weitere 4 Minuten schlagen, bis eine cremige Masse entsteht. Mehl, Backpulver und Speisestärke nach und nach unterheben. In eine gefettete Tortenform füllen und bei 200 Grad 10 Minuten backen. Danach abkühlen lassen und den Biskuitboden halbieren.

2 Für den Belag Quark in eine Schüssel füllen, den Schmand dazugeben und alles gut verrühren. Vanillemark und Zitronenschale beifügen. 3 Blatt Gelatine in kaltem Wasser einweichen, nach 5 Minuten herausnehmen und gut ausdrücken. In einem kleinen Topf auf niedriger Flamme erhitzen, bis sie flüssig wird, dabei umrühren. Einen kleinen Teil der Quarkmasse in die aufgelöste Gelatine geben, kräftig rühren und dann die restliche Quarkmasse unterheben.

3 Die geteilten Biskuitböden dünn mit Himbeergelee bestreichen und aufeinandersetzen. Um die Böden einen Tortenring legen und die Quarkmasse darauffüllen. Die Torte 15 Minuten in den Kühlschrank stellen.

4 1 Glas Sekt erwärmen und 3 Blatt rote Gelatine darin auflösen. 1 Prise Sternanis und den Zucker hinzufügen, und noch einmal alles gut verrühren und kalt stellen. Nach dem Kaltstellen die gut abgetropften Himbeeren auf die Quarkmasse geben und langsam die Sektschaummasse darauf verstreichen. Nochmals 2 Stunden kalt stellen.

Schneeflockentorte

Für den Rührteig:
125 g weiche Butter
125 g Zucker
120 g Mehl
1 Pck. Vanillinzucker
4 Eier
½ Pck. Backpulver
1 Prise Salz
80 g hellbraune Kokosraspel

Für die Füllung:
6 EL Himbeer- oder Sauerkirschkonfitüre
½ Ltr. Schlagsahne
2 Pck. Sahnesteif
1 Pck. Vanillinzucker
ca. 60 g Kokosraspel
etwas Puderzucker
16 Kokoskugeln

1 Aus den Zutaten für den Teig einen Rührteig herstellen, in eine gut gebutterte Springform (28 cm Durchmesser) füllen und im vorgeheizten Backofen ca. 30 Minuten backen.

2 Den erkalteten Boden einmal durchschneiden, mit der Konfitüre bestreichen. Schlagsahne mit Vanillinzucker aufschlagen, dabei langsam Sahnesteif einrieseln lassen, bis die Sahne fest geschlagen ist. Die Hälfte der Sahne auf den Boden streichen und mit dem zweiten Boden bedecken. Die Torte mit der restlichen Schlagsahne bestreichen. Anschließend die Kokosraspel auf die Torte streuen. Am Rand der Torte die Kokoskugeln setzen. Kurz vor dem Servieren nochmals mit Puderzucker überstäuben.

Übrigens:
Sahne war nicht immer in der DDR erhältlich und sehr teuer. Wer sie nicht bekam, stellte einfach falsche Schlagsahne aus Milch, Butter, Zucker und Sahnesteif her.

Festtagstorte

Für den Teig:
8 Eier
200 g Zucker
250 g Butter
4 EL Rum
½ TL Zimt
150 g weiße Schokolade
200 g Mandeln
300 g Mehl
1 Pck. Backpulver

Für die Buttercreme:
1 Pck. Puddingpulver Vanillegeschmack
500 ml Milch
250 g Butter
Marzipanrohmasse oder Dekormasse
rote Kuchenfarbe
Aprikosenkonfitüre

Die Eier trennen, das Eigelb mit dem Zucker, der weichen Butter, dem Rum und dem Zimt schaumig rühren. Die weiße Schokolade grob hacken und zusammen mit den gemahlenen Mandeln und dem Backpulver vermischen. Mehl unter den Eischaum heben. Das Eiweiß steif schlagen und ebenfalls unterheben.
Den Teig in eine gut gefettete Springform (26 cm Durchmesser) füllen und im vorgeheizten Backofen 35 – 40 Minuten backen. Anschließend herausnehmen und auf einem Kuchengitter erkalten lassen. Aus dem Puddingpulver und der Milch nach Packungsanweisung einen Pudding kochen und erkalten lassen. Die Butter schaumig schlagen und den erkalteten Pudding löffelweise unterrühren. Pudding und Butter sollten beide die gleiche Temperatur haben, nicht zu kalt.
Den Tortenboden in 3 Teile schneiden, dabei die beiden unteren mit der Buttercreme bestreichen die Teile zu einer Torte zusammensetzen. Aprikosenkonfitüre erhitzen, durch ein feines Sieb streichen und den obersten Teil sowie den äußeren Rand damit bestreichen.
Die Marzipanrohmasse oder Dekormasse mit Staubzucker ausrollen und auf ein Rundholz aufrollen. Die Dekormasse lässt man nun über der Torte abrollen. Den überstehenden Rest schneidet man vorsichtig ab und drückt die Masse behutsam an der Torte an. Es sollte alles schön glatt anliegen und keine Falten bilden.
Das Marzipan färbt man mit etwas Kuchenfarbe ein, knetet die Masse gut durch und formt kleine Rosen. Wer nicht so geschickt ist, holt sich fertige Rosen im Supermarkt. Nun verziert man die Torte mit den Rosen und bestreut sie mit Gold- oder Silberperlen aus Zucker. Der Fantasie sind hier keine Grenzen gesetzt.

Ostertorte

Für den Mürbeteig:
100 g Mehl
1 Msp. Backpulver
75 g kalte Butter
30 g Zucker
1 Prise Salz

Für den Biskuitteig:
300 g Möhren
4 Eier (getrennt in Eigelb und Eiweiß)
100 g Mehl
150 g Zucker
250 g Haselnüsse (gemahlen)
2 EL Backpulver
1 Prise Salz
Butter für die Form

Für die Füllung:
500 g Sahne
4 EL Orangenmarmelade
2 Pck. Sahnesteif

Für die Dekoration:
40 g Pistazien (gehackt)
16 kleine Möhren aus Marzipan
2 kleine Hasen

Für den Mürbeteig Mehl, Backpulver, Zucker, Salz und die in Flocken geschnittene Butter in eine Rührschüssel geben. Mit dem Knethaken des Handrührgerätes zu einem glatten Teig verarbeiten. In Alufolie gewickelt 10 Minuten im Kühlschrank ruhen lassen.
Den Teig ausrollen und in eine mit Backpapier ausgelegte Springform (26 cm Durchmesser) legen. Im auf 175 Grad vorgeheizten Backofen ca. 10 Minuten goldgelb backen.
Für den Biskuitteig die Möhren fein raspeln, trocken drücken, den Saft abgießen. Eiweiß, 3 EL Wasser und Salz zu steifem Schnee schlagen. Dabei 100 g Zucker nach und nach einrieseln lassen. Eigelb und restlichen Zucker schaumig schlagen und vorsichtig mit Haselnüssen, Mehl, Backpulver und Möhren mit einem Rührlöffel unter den Eischnee heben.
Eine Springform (26 cm Durchmesser) mit Backpapier auslegen und den Rand mit Butter einfetten. Haselnussbiskuit einfüllen und im vorgeheizten Backofen auf der mittleren Schiene bei 175 Grad ca. 35 Minuten backen. Auskühlen lassen.
Mürbeteigboden mit 2 EL Orangenmarmelade bestreichen. Sahne mit Sahnesteif steif schlagen. Haselnussbiskuit mit einem Messer waagerecht halbieren. Eine Hälfte auf den Mürbeteigboden setzen und mit Orangenmarmelade sowie 200 g geschlagener Sahne bestreichen.
Die zweite Hälfte daraufsetzen und die ganze Torte mit der restlichen Sahne dekorieren. Zum Schluss mit gehackten Pistazien und Marzipanmöhren sowie den Hasen verzieren.
Die Torte ergibt 12 Stücke und schmeckt sehr lecker.

Orangenweincreme-Torte in Eiform

Für den Boden:
8 Eier
140 g Zucker
100 g Marzipan
200 g Mehl
1 Prise Salz
etwas Zitronensaft
1 Pck. Vanillinzucker

Für die Orangenweincreme:
½ Ltr. Weißwein
320 ml Orangensaft
3 Eier
150 g Zucker
80 g Puddingpulver

Für die Buttercreme:
3 Eier
160 g Zucker
400 g Butter

Außerdem:
300 g Marzipan
etwas Puderzucker
Lebensmittelfarbe

1 Für den Boden Eier trennen. Eiweiß und Zucker zu Schnee schlagen. Eigelbe mit dem Marzipan schaumig rühren. Erst den Eischnee, dann das gesiebte Mehl und die Gewürze unterheben. Teigmasse auf Backtrennpapier in 5 verschieden großen Eiformen (mit Längsdurchmesser 30 cm, 28 cm, 26 cm, 24 cm, 22 cm) ca. 1 cm dick aufstreichen und bei 180 Grad Umluft ca. 20 Minuten backen.

2 Für die Orangenweincreme alle Zutaten in einen Topf geben und unter ständigem Rühren erhitzen, bis die Creme gebunden ist und der Schaum sich auflöst. Die ausgebackenen Tortenböden mit der Creme bestreichen und aufeinanderschichten, bis ein Halbei entsteht. Dieses im Kühlschrank 4 Stunden kalt stellen.

3 Für die Buttercreme die Eier mit dem Zucker aufschlagen, weiche Butter schaumig rühren und die Eimasse darunterziehen. Die Halbeitorte aus dem Kühlschrank nehmen und mit der Buttercreme bestreichen.

4 ⅔ des Marzipans mit einer Lebensmittelfarbe einfärben, auf Puderzucker ausrollen und das Halbei damit bedecken. Die übrige Marzipanmasse in verschiedenen Farben einfärben, ausrollen und in Streifen schneiden. Die Streifen auf dem Ei zu einer Schleife drapieren.

Zitronentorte mit Baiserhaube

Für den Boden:
150 g Mehl
1 EL Zucker
1 Prise Salz
Abrieb eine Zitrone
8 EL eiskalte Butter
1 ½ EL kaltes Wasser

Für die Füllung:
Abrieb von 2 Zitronen
⅓ Tasse Zitronensaft
3 Eier (getrennt in Eigelb und Eiweiß)
1 Ei
80 g Zucker
2 EL Schlagsahne
⅓ TL Speisestärke
6 EL eiskalte Butter, zerhackt

Für die Baiserhaube:
3 Eiweiße (von der Zitronencreme übrig)
½ TL Zitronensaft
1 Pck. Vanillearoma
¼ Tasse Zucker
1 TL Zucker
Salz

Mehl, Zucker, Salz und abgeriebene Zitronenschale in die Rührschüssel geben. Alles gut durchmischen und die kalte Butter unterkneten. Wasser dazugeben und gut rühren, bis der Teig geschmeidig ist. In Plastikfolie eingeschlagen 30 Minuten ruhen lassen. Den Backofen auf 175 Grad vorheizen. Den Teig auf einer leicht bemehlten Arbeitsfläche zu einer großen runden Platte ca. 3 cm dick ausrollen und eine runde bemehlte Backform damit auslegen. An den Rändern etwa 1 cm überstehen lassen und andrücken. Mit Plastikfolie abgedeckt 15 Minuten kalt stellen. Danach 20 Minuten goldbraun ausbacken. Aus dem Backofen nehmen und auskühlen lassen. Für die Zitronencreme Zitronensaft und -abrieb in einer Schüssel mischen und beiseite stellen. In einem Topf die Eigelbe mit dem ganzen Ei und Zucker aufschlagen, bis die Masse cremig ist. Die Schlagsahne mit der Stärke in eine kleine Schüssel mischen und zu der Eimischung geben. Die Zitronenmischung daruntermischen und den Topf auf mittelgroße Hitze stellen. Unter ständigem Schlagen die Butter Stück für Stück dazugeben, bis die Mischung schön cremig ist. Jetzt die Mischung in eine kalte Schüssel geben und weiter kalt schlagen. Abgedeckt im Kühlschrank fest werden lassen. Für die Baiserhaube das übrig gebliebene Eiweiß mit 1 Prise Salz steif schlagen. Vanillearoma und Zitronensaft dazugeben und kräftig weiterschlagen. ¼ Tasse Zucker einrieseln lassen, bis das Eiweiß fest glänzende Spitzen bildet. Jetzt den Teigboden mit der Füllung bedecken, anschließend die Baisermasse mit einem Löffel daraufhäufen und glatt streichen. Mit 1 TL Zucker bestreuen und 15 Minuten backen, bis die Spitzen der Baiserhaube goldbraun sind.

Krokantkranz

200 g Butter
275 g Zucker
1 Prise Salz
½ TL abgeriebene Zitronenschale
3 Eier
300 g Weizenmehl
100 g Stärkemehl
¾ Pck. Backpulver
12 EL Milch
275 g Butter
200 g Puderzucker
½ Pck. Vanillinzucker
1 Eigelb
100 g Nüsse oder Mandeln

1 Zu der schaumig gerührten Butter 150 g Zucker, die Gewürze und nach und nach die Eier geben. Nach gründlichem Schlagen das mit dem Backpulver gesiebte Mehl und die Milch zufügen. Den Teig in eine gefettete, bemehlte Ringform füllen und bei Mittelhitze etwa 50 Minuten backen.

2 Den Kuchen am nächsten Tag ein- oder zweimal quer durchschneiden und mit Buttercreme füllen. Dazu 250 g Butter sahnig rühren, den gesiebten Puderzucker, den Vanillinzucker und das Eigelb zugeben. Den gefüllten, zusammengesetzten Kranz mit Buttercreme überziehen.

3 Für den Krokant die Nüsse oder Mandeln grob hacken. In einer Pfanne 25 g Butter erhitzen, 125 g Zucker und die Nüsse beifügen. So lange rühren, bis die Nüsse und der Zucker gelbbraun sind. Die Masse auf eine geölte Platte streichen, hart werden lassen und dann zerstoßen. Den mit Buttercreme überzogenen Kranz mit dem Krokant bestreuen. Mit Belegkirchen dekorieren.

Übrigens:
Bei dieser DDR-Variante des Frankfurter Kranzes wurde statt eines Sandteiges ein Backpulverteig gebacken.

Festtags- und Kleingebäck

Berliner Pfannkuchen

500 g Mehl
½ TL Salz
30 g Hefe
¼ Ltr. Milch
70 g Zucker
120 g Butter
Abrieb einer Zitrone
1–2 EL Rum
3 Eigelb
Marmelade oder Pflaumenmus
Ausbackfett (Schweineschmalz)
Zucker oder Puderzucker

Das Mehl mit Salz vermischen und in die Mitte eine Vertiefung drücken. Hefe hineinbröckeln und mit der Milch verrühren. Den Teig zugedeckt an einem warmen Ort 20 Minuten gehen lassen. Die Butter in der restlichen lauwarmen Milch einschmelzen und an den Teig geben. Zucker, Zitronenschale, Rum und Eigelb hinzufügen. Den Hefeteig kneten und schlagen, bis er Blasen wirft und sich vom Schüsselboden löst. Dann zugedeckt weiter 30 Minuten an einem warmen Ort aufgehen lassen. Den Hefeteig auf einem bemehlten Brett nicht zu dünn ausrollen. Mit der Form oder einem Glas von 6 –7 cm Durchmesser ausstechen. Auf die Hälfte der Teigscheiben einen Klecks Marmelade oder Mus geben. Je eine Teigscheibe darüberlegen. Die Ränder fest zusammendrücken. Die Pfannkuchen so lange gehen lassen, bis sie sich kugelförmig auf etwa das Doppelte vergrößert haben. Die Pfannkuchen schwimmend in heißem Schweineschmalz von beiden Seiten goldbraun ausbacken. Die Pfannkuchen mit dem Schaumlöffel herausnehmen, auf einem Sieb abtropfen lassen und sofort mit Zucker oder Puderzucker bestreuen.

Übrigens:
Zu seinem Namen kam und rund ist der Berliner deshalb, weil ihn anno 1750 ein Artillerist, der ein Berliner Zuckerbäcker war, »erfand«: Dieser hatte sich als waffenuntauglich erwiesen, durfte aber als Feldbäcker beim Regiment verbleiben. Zum Dank dafür erschuf er den ersten Berliner in Kanonenkugelform.

Quarkspitzen

500 g Mehl
250 g Quark
80 g Zucker
2 – 3 Eier
Abrieb einer Zitronenschale
1 Pck. Backpulver
1 Prise Salz
50 g Butter
Ausbackfett
Puderzucker

1 Zucker und Eier schaumig rühren. Den Quark durch ein feines Sieb streichen. Zerlassene Butter, durchgestrichenen Quark, Gewürze und das mit dem Backpulver gesiebte Mehl nach und nach zugeben. Ist der Quark sehr trocken, 2 – 3 EL Milch zufügen.

2 Das Ausbackfett erhitzen – es muss Blasen werfen, wenn man einen Holzlöffel hineinsteckt. Mit einem Löffel Teig abstechen und mit einem Messer in das Fett schieben. Die Quarkspitzen goldgelb backen, dabei öfter wenden. Danach auf einem Stück Küchenrolle abtropfen lassen. Anschließend mit Puderzucker bestreuen oder in Zimtzucker wälzen.

Buchteln mit Aprikosen-Marzipan-Füllung

220 ml lauwarme Milch
60 g Zucker
30 g Hefe
550 g Mehl
1 TL geriebene Zitronenschale
70 g Butter
5 Eigelbe
etwas Salz
12 kleine Aprikosen
250 g Marzipan

1 Die Milch mit Zucker, zerbröselter Hefe und etwas Mehl verrühren. Zugedeckt an einem warmen Ort etwa 30 Minuten gehen lassen. Den Vorteig mit Zitronenabrieb, Salz, weicher Butter, 4 Eigelben und dem restlichen Mehl zu einem glatten Teig verkneten. Den Teig erneut 30 Minuten gehen lassen.

2 Aprikosen waschen, trocken tupfen, auf einer Seite bis zur Mitte einschneiden und die Steine entfernen. Marzipan in 12 kleine Stücke teilen und die Aprikosen mit den Marzipanstückchen füllen.

3 Den Teig durchkneten und auf einer bemehlten Arbeitsfläche etwa einen ½ cm dick ausrollen. 12 Kreise von ca. 10 cm Durchmesser ausstechen. Je eine gefüllte Aprikose daraufsetzen, den Teig darüberklappen und die Nahtstellen zusammendrücken.

4 Eine große Auflaufform mit Butter einfetten, Buchteln mit der Naht nach unten hineinsetzen. Mit dem verquirlten Eigelb bepinseln und bei 200 Grad 30 – 40 Minuten backen. Mit Puderzucker bestreuen.

Übrigens:
Für Marzipan gab es in der DDR auch den Ersatzstoff Legupan, der aus Erbsenbrei und Zucker hergestellt wurde und eine grünliche Farbe hatte.

Buchteln mit feiner Nougatfüllung

260 lauwarme ml Milch
250 g Mehl
150 g Zucker
20 g Hefe
8 Eier
1 Orange
120 g Butter (zimmerwarm)
5 EL Nussnougatcreme
Puderzucker

1 60 ml Milch, 30 g Mehl, 20 g Zucker und 20 g Hefe verrühren. Den Vorteig abgedeckt an einem warmen Ort zur doppelten Größe aufgehen lassen. Orangenschale abreiben, 2 Eier trennen. 220 g Mehl, 2 Eigelbe, 2 ganze Eier, 130 g Zucker, 1 Prise Salz, Orangenabrieb und 80 g Butter zu dem Vorteig geben und alles zu einem glatten Teig verarbeiten. Diesen wiederum zur doppelten Größe aufgehen lassen. Ca. 1 Stunde ruhen lassen.

2 Den Teig etwa 1 cm dünn ausrollen und Kreise von 6 cm Durchmesser ausstechen. Jeweils 1 TL Nussnougatcreme auf die Kreise verteilen. Daraus Knödel formen. Eine Auflaufform 25 mal 25 cm mit Butter ausstreichen und mit etwas Zucker ausstreuen. Die Knödel mit der Öffnung nach unten in die Form setzen, mit Frischhaltefolie abdecken und nochmals 20 Minuten aufgehen lassen. 1 Ei trennen und das Eigelb verquirlen. 30 g Butter schmelzen lassen und die Buchteln mit der flüssigen Butter und mit dem Eigelb bestreichen. Für 30 – 35 Minuten in den vorgeheizten Ofen bei 180 Grad backen. Nach dem Erkalten mit Puderzucker bestreuen.

Übrigens:
Die beliebte Nussnougatcreme aus der DDR heißt Nudossi – und ist mit veränderter Rezeptur auch heute ein Renner!

Kleine Mohnküchlein

Für den Teig:
200 g Mehl
40 g Zucker
50 g Butter
20 g Hefe
1 Ei
1 Prise Salz
180 ml Milch
1 Vanillinzucker

Für die Füllung:
1 Ltr. Milch
2 Tassen Mohn
1 Pck. Vanillinzucker
1 Tasse Grieß
180 g Zucker
3 Eier
Rosinen, in Rum getränkt
Zitronenschale
Mandelplättchen

1 Die zerbröckelte Hefe mit warmer Milch verrühren. Das gesiebte Mehl mit den übrigen Zutaten in eine Schüssel geben und zu einem Hefeteig verkneten. An einem warmen Ort ca. 1 Stunde zugedeckt ruhen lassen. Anschließend den Teig noch einmal gut durchkneten. Auf einer bemehlten Fläche ausrollen und in mehrere kleine Ausbackformen geben.

2 Milch und Mohn zum Kochen bringen und das Puderzucker einrühren. Grieß einstreuen und das Ganze quellen lassen. Jetzt den Zucker, die zerlassene Butter und Zitronenschale einrühren. Erkalten lassen, 3 Eigelbe sowie das steif geschlagene Eiweiß unterheben. Zum Schluss die Rosinen untermengen. Die Mohnmasse auf jedes dieser Teigförmchen geben. Bei 180 Grad ca. 20 Minuten backen.

acker
405

Waffeln

120 g Butter
60 g Zucker
6 Eier
250 g Mehl
Abrieb einer Zitrone
¼ Ltr. Milch
1 Prise Salz
Eis und Schlagsahne nach Belieben
½ EL Backpulver
2 EL Öl

Mehl und Backpulver vermischen. Abrieb einer Zitrone, Butter, Zucker, Salz schaumig rühren. Die Eier trennen. Nach und nach die Eigelbe zugeben und weiter rühren. Die Mehlmischung abwechselnd mit der Milch zur Eigelbmasse geben. Gut verrühren. Die Eiweiße steif schlagen und unterheben. Das Waffeleisen erhitzen. Die Backflächen mit Öl bepinseln. Den Teig mit einer Schöpfkelle daraufgießen, Waffeleisen schließen und ausbacken, bis die Waffel goldgelb ist. Die Waffel herausnehmen und mit Puderzucker bestäuben. Man kann Eis oder steif geschlagene Schlagsahne dazu essen.

Übrigens:

Waffeleisen waren schon um 1500 bekannt. Allerdings waren die Eisen geschmiedet und sehr schwer. Sie mussten über Kohlenglut erhitzt und mehrmals gedreht werden. Das ist mit den modernen Waffeleisen zum Glück nicht mehr nötig.

Milchhörnchen

500 g Mehl
30 g Hefe
¼ Ltr. lauwarme Milch
30 g Butter
1 TL Zucker
½ TL Salz
1–2 Eigelbe

1 Das Mehl in eine Schüssel sieben und in die Mitte eine Mulde drücken. Die Hefe hineinbröckeln und mit der Milch und etwas Mehl verrühren. Den Vorteig mit ein wenig Mehl bestäuben und zugedeckt ca. 15 Minuten gehen lassen, bis sich an der Oberfläche Risse zeigen. Die Butter zerlassen, mit Zucker und Salz verrühren und mit dem Vorteig sowie dem gesamten Mehl zu einem trockenen, festen Hefeteig schlagen.

2 Den Teig weitere 30 Minuten gehen lassen. Vom Hefeteig 50 g schwere Stücke abwiegen und zu Kugeln drehen. Die Teigkugeln zu 15 cm langen Ovalen ausrollen und diese zu Stangen aufrollen. Dabei mit etwas Druck die beiden Enden zu dünnen Spitzen formen. Die in der Mitte dickeren Stangen zu Hörnchen biegen, auf das Backblech legen, mit verquirltem Ei bestreichen und weitere 13 Minuten gehen lassen.

3 Die Hörnchen im vorgeheizten Backofen auf der zweiten Schiene von unten auf 220 Grad in 10–15 Minuten goldgelb backen. Das Rezept ergibt ca. 15 Hörnchen.

Reformationsbrötchen

500 g Mehl
40 g Hefe
30 g Zucker
250 ml Milch
50 g Butter
50 g gehackte Mandeln
100 g Rosinen
Abrieb einer ½ Zitrone
1 EL gehacktes Zitronat
200 g Erdbeerkonfitüre
etwas Puderzucker

1 Mehl in eine Schüssel sieben, in die Mitte Hefe, Zucker und 8 EL von der Milch geben. Alles vermischen und mit etwas Mehl bestreuen. Warm stellen, bis der Vorteig schön aufgegangen ist. Mit der weichen Butter, Mandeln, Rosinen, Zitronenschale und Zitronat vermengen, die Milch zugeben und alles zu einem Teig verarbeiten. Gehen lassen, bis der Teig das doppelte Volumen erreicht hat.

2 Den aufgegangenen Teig kneten, ausrollen und zu 12 Vierecken von 12 mal 12 cm ausrädeln. Die Ecken einschlagen, so dass die Spitzen in der Mitte zusammenstoßen. In die Mitte je 1 TL Konfitüre geben, nochmals gehen lassen und im vorgeheizten Backofen bei 200 – 220 Grad Ober- und Unterhitze ca. 20 Minuten backen. Anschließend mit Puderzucker bestreuen.

Übrigens:
Reformationsbrötchen sind in Leipzig und der weiteren Umgebung bis nach Thüringen und Sachsen-Anhalt bekannt. Das süße Hefegebäck erinnert in seiner Form an die Lutherrose, das Privatsiegel des Reformators.

Omas Kirchweihküchle

250 g Butter
250 g Mehl
200 g Zucker
5 Eier
Salz
1 Pck. Backpulver
30 g zerlassene Butter

1 Als Erstes den Backofen vorheizen. Für den Teig Butter (sollte schön cremig sein) mit dem Rührbesen geschmeidig rühren. Nach und nach Zucker und Salz unterrühren. So lange rühren, bis eine gebundene Masse entsteht, danach die Eier nach und nach unterziehen, jedes Ei etwa 1 Minute. Mehl und Backpulver mischen und löffelweise unterheben.

2 Die Küchleform mit zerlassener Butter ausstreichen. Den Teig in die Förmchen füllen (dürfen nur bis zu ⅔ gefüllt sein). Die Form in den Ofen schieben und bei 180 Grad 15 Minuten backen.

Übrigens:
Die Backform sieht aus wie Muscheln, früher gab es diese in fast jedem Haushalt. Wer keine solchen Formen besitzt, kann auch Backpapierförmchen benutzen.

Apfel im Schlafrock

250 g Mehl
4 Eigelbe
125 g Butter
80 g Zucker
2 EL saure Sahne
1 Prise Salz
4 – 6 Äpfel
Johannisbeer- oder Kirschmarmelade
100 g in Stifte geschnittene Mandeln
200 g Puderzucker
Zitronensaft

1 Das Mehl auf ein Backblech häufeln und eine Vertiefung eindrücken. Zucker, Sahne, 2 Eigelbe und Salz hineingeben. Die Butter in kleinen Stückchen rund um das Mehl legen. Das Ganze rasch zu einem glatten Teig verkneten und ihn ca. 40 Minuten zugedeckt kalt stellen.

2 Den Teig knapp 1 cm dick ausrollen und Vierecke ausstechen, die so groß sein sollten, dass man den Apfel einwickeln kann. Die Äpfel schälen, aushöhlen und mit Butter und gestifteten Mandeln füllen. Die Teigecken bis über die Apfelmitte hochschlagen, leicht andrücken und auf die Öffnung ein rundes Teigplätzchen setzen.

3 Das Ganze mit den übrigen Eigelben bestreichen und 20 Minuten bei 170 Grad backen. Danach den Puderzucker mit dem Zitronensaft verrühren und die Äpfel damit glasieren.

Lebkuchenherzen

250 g Honig
250 g brauner Zucker
150 g Butter
100 g gemahlene Mandeln
400 – 450 g Mehl
1 TL Zimt
je 1 gute Prise Nelken, Kardamom, Muskatblüte und Piment oder
2 TL Lebkuchengewürz
1 TL Pottasche
Zitronenabrieb
2 EL Kakao
1 Ei
2 EL Rum
150 g Puderzucker
2 – 3 EL Zitronensaft
nach Belieben Mandeln oder Nüsse für die Verzierung

1 Den Honig mit dem Zucker und der Butter in einen Topf geben. Unter Rühren erhitzen, bis sich der Zucker aufgelöst hat. Vom Herd nehmen, in eine große Schüssel füllen und abkühlen lassen.

2 Die Mandeln, 400 g Mehl, alle Gewürze und das Ei zur Honigmischung geben. Die Zutaten gründlich durchkneten. In einer Tasse die Pottasche mit dem Rum verrühren. Ebenfalls zum Teig geben und weiter durchkneten. Der Teig sollte so lange geknetet werden, bis er glänzt und nicht mehr klebt, er sollte fest und formbar sein. Mit Klarsichtfolie abdecken und über Nacht kalt ruhen lassen.

3 Den Teig portionsweise auf etwas Mehl 5 – 6 cm dick ausrollen. Herzen und Sternchen ausstechen. Die Lebkuchen auf das gefettete Blech legen und ca. 18 Minuten backen. Vorsichtig vom Blech lösen, denn die Lebkuchen sind dann noch sehr weich. Abkühlen lassen.

4 Den Puderzucker mit so viel Zitronensaft glatt rühren, dass ein dickflüssiger Guss entsteht. Die Lebkuchen mit einem Spritzbeutel mit feiner Lochtülle nach Belieben verzieren, oder mit Mandeln und Liebesperlen bestreuen.

Osterzopf

- 500 g Mehl
- 30 g frische Hefe
- ¼ Ltr. lauwarme Milch
- 100 g zerlassene Butter
- 50 g Zucker
- 1 Ei
- 1 Prise Salz
- 1 Eigelb
- 2 EL Hagelzucker zum Bestreuen

1 Aus den Zutaten einen Hefeteig bereiten.
In einer Schüssel die zerbröckelte Hefe in der nur leicht warmen Milch auflösen. Mehl auf eine Arbeitsplatte geben und in die Mitte des Mehls eine Mulde drücken. Butterstücke, Zucker, Salz und Eier hineingeben. Die Hefemischung zugießen. Die Zutaten von der Mitte vermischen, nach und nach das Mehl untermengen und den Teig kräftig kneten. Nun den Hefeteig mit der Hand weiterkneten, bis er schön glatt und glänzend ist und Blasen wirft.

2 Den Teig mit Folie abdecken und 1 Stunde warm ruhen lassen, dann nochmals kurz durchkneten und 3 gleichgroße Stränge rollen. Die Hefestränge auf einer Arbeitsplatte nebeneinanderlegen und ab dem ersten Drittel flechten. Den Zopf drehen und fertig flechten, dabei die Teigenden oben und unten gut unterschlagen.

3 Das Eigelb mit der Milch verquirlen. Den Zopf rundum mit der Eigelbmasse bepinseln. Je nach Geschmack mit gestifteten Mandeln oder mit Hagelzucker bestreuen. Bei 200 Grad im vorgeheizten Ofen 25 – 30 Minuten backen, bis der Osterzopf schön goldgelb ist.

8 niedliche Osterhasen

500 g Mehl
1 Pck. Trockenhefe
2 EL Zucker
1 Prise Salz
¼ Ltr. Milch
16 Rosinen
1 Eigelb
Puderzucker
Zitronensaft

1 Mehl und Trockenhefe mischen und unter Zugabe des Zuckers, des Salzes und der Milch einen Teig kneten. Zugedeckt an einem warmen Ort 40 Minuten gehen lassen, bis der Teig sein Volumen verdoppelt hat. Teig in 8 gleichgroße Teile portionieren.

2 Jedes Teigstück nochmals teilen. Aus dem einen Teil für den Körper einen fingerdicken Teigstrang formen, das an einem Ende spitz zuläuft, und schneckenartig einrollen. Für Kopf und Ohren Teigstück tropfenförmig einschneiden und die 2 Spitzen auseinanderziehen.
2 Rosinen als Augen in den Teigkopf stecken. Körper und Kopf aneinanderdrücken.
Hasen mit verquirltem Eigelb bepinseln, 10 Minuten gehen lassen und bei 200 Grad 20 – 25 Minuten backen.

3 Häschen aus dem Backofen nehmen. Aus Puderzucker und Zitronensaft einen Guss rühren und die Häschen damit bepinseln.

Osterbrot

500 g Mehl
25 g Hefe
75 g Zucker
125 ml Milch
100 g zerlassene Butter
3 g Anis einige Stunden in 125 ml Weißwein ziehen lassen und dann abseihen
4 Eigelbe
Abrieb einer Vanilleschote
2 g Salz
100 g Rosinen
50 g Zitronat
30 g Orangeat
1 Eigelb zum Bestreichen

1 Das Mehl in eine Schüssel sieben, in die Mitte eine Mulde drücken. Die Hefe mit etwas Zucker in der Milch auflösen und in die Mulde geben. Mit etwas Mehl am Rand bestäuben und mit einem Tuch abdecken. An einem warmen Ort stehen lassen und ca. 20 – 30 Minuten aufgehen lassen.

2 Nun die anderen Zutaten zugeben, ausgenommen Rosinen, Zitronat und Orangeat. Den Teig sehr gut durchkneten, bis er sich von der Schüssel löst. Rosinen, Zitronat und Orangeat in Mehl tauchen, das Mehl gut abklopfen, anschließend in den Teig einarbeiten.
Auf diese Weise bleiben die Früchte gleichmäßig im Osterbrot verteilt. Den Teig in 2 – 3 gleich schwere Stücke teilen und diese zu runden Laiben formen. Auf ein mit Backpapier ausgelegtes Blech setzen und noch 30 Minuten zugedeckt gehen lassen.

3 Nun das Osterbrot mit verschlagenem Eigelb bestreichen und im vorgeheizten Backofen bei 180 – 200 Grad ca. 30 – 40 Minuten backen. Nach der Hälfte der Backzeit vom Mittelpunkt des Brotes aus 3 tiefe Einschnitte anbringen und das Brot nochmals bis auf die Schnittflächen mit dem Eigelb bestreichen.

Übrigens:
Osterbrot lässt sich auch als Kranz oder Zopf backen, man kann darauf Hagelzucker oder bunte Ostereier verteilen.

Osterbrezel

500 g Hefe
25 g Hefe
200 g Zucker
3 – 4 Eier
1 Pck. Vanillinzucker
Zitronenabrieb
1 Prise Salz
250 g weiche Butter
etwas Milch

Aus den Zutaten einen weichen Hefeteig zubereiten und diesen zugedeckt an einem warmen Ort aufgehen lassen. Danach daraus eine etwa 5 cm dicke Rolle formen, diese auf einem gefetteten Blech zu einer Brezel modellieren und nochmals kurz aufgehen lassen. Bei mittlerer Hitze ca. 30 – 40 Minuten backen und danach mit zerlassener Butter bestreichen. Zuletzt Puderzucker daraufsieben.

Übrigens:
Als Osterüberraschung können die Rundungen mit gefärbten Eiern gefüllt werden.

Glasperlenplätzchen

60 g Puderzucker
1–2 EL Milch
170 g Mehl
120 g Butter
½ TL Vanillinzucker
120 g feste Fruchtbonbons

Puderzucker, Mehl, Milch, Butter und Vanillinzucker zu einem geschmeidigen Teig kneten. In Folie gewickelt 30 Minuten kalt stellen. Den Herd auf 200 Grad vorheizen. Den Teig aus dem Kühlschrank nehmen und auf einer bemehlten Arbeitsfläche ausrollen. Dekorative Sterne, Herzen, Bäume etc. jeweils in zwei Größen ausstechen. Die kleinere Form auf die größere legen, so dass ringsherum ein ca. 1 cm großer Rand entsteht. Wer die Plätzchen aufhängen möchte, sticht oben ein kleines Loch hinein.
Die Plätzchen auf ein mit Backpapier ausgelegtes Blech legen, in die Mitte jedes Plätzchens ein Bonbon platzieren. Blech in den Ofen schieben und jeweils 7 Minuten erst auf der obersten, dann auf der mittleren Schiene backen, bis die Bonbons geschmolzen sind. Auf dem Backblech erkalten lassen.

Übrigens:
Sofort nach dem Erkalten in einer luftdicht verschlossenen Dose aufbewahren, da die Plätzchen sonst Luftfeuchtigkeit anziehen und die Bonbons klebrig werden. Auch als Fenster- oder Christbaumschmuck sind die Plätzchen sehr dekorativ.

Omas Früchtelebkuchen

250 g Mandeln
150 g Orangeat
150 g Datteln
150 g Feigen
150 g Rosinen
100 g Marzipan
1 TL Zimt
Abrieb einer Zitrone
80 g Honig
80 g Butter

1 Mandeln, Orangeat, Datteln, Feigen, Rosinen und das Marzipan klein hacken bzw. im Mixer fein mahlen. Alle Zutaten mit den Gewürzen vermischen und zu einem glatten Teig kneten. Eventuell noch bis zu 50 g gemahlene Mandeln dazukneten. Den Teig zu einem Kloß formen, er sollte eine Nacht lang kalt ruhen.

2 Den Teig auf mittelfein gemahlenen Mandeln nicht zu dünn auswellen und runde Plätzchen ausstechen. Sie können eng auf das Blech gesetzt werden, denn sie zerlaufen nicht. Etwa 15 Minuten bei 180 Grad backen, die ersten 5 Minuten bei geöffneter Backofentür. (Dazu steckt man einen Holzlöffel in die Ofentür, so dass sie nur einen Spaltbreit offen steht.) Nach dem Backen mit klarem Zuckerguss glasieren. Die Lebkuchen sollten sofort erkaltet in eine Dose gegeben werden.

Übrigens:
Ein sehr altes Rezept!

Mandelschiffchen

175 g weiche Butter
100 g gesiebter Puderzucker
1 Pck. Vanillezucker
1–2 EL Rum
1 Msp. gemahlener Zimt
200 g Mehl
1 Ei
30 g Kakaopulver
1 Msp. Backpulver
125 g nicht abgezogene Mandeln

1 Ei trennen. Butter geschmeidig rühren, nach und nach Puderzucker, Vanillezucker, Rum und Zimt unterrühren. So lange rühren, bis eine gebundene Masse entsteht. Eigelb unterrühren. Mehl und Backpulver und Kakao mischen, sieben und portionsweise einrühren, zuletzt gibt man die gemahlenen Mandeln dazu.

2 Aus dem Teig bleistiftdicke Rollen formen, diese in etwa 4 cm lange Stücke schneiden, an den Enden spitz zusammendrücken und auf ein mit Backpapier ausgelegtes Backblech legen. In jedes Teigstück eine mit Eiweiß bestrichene Mandelhälfte drücken. Bei 180 Grad Heißluft ca. 10 Minuten ausbacken. Erkaltet in verschließbare Dosen legen. So halten sich die Mandelschiffchen 3 – 4 Wochen.

Dresdner Stollen

1,2 kg Mehl
80 g Hefe
400 ml Ltr. Milch
600 g Butter
etwas abgeriebene Zitronenschale
etwas Macisblüte
600 g in Rum eingelegte Rosinen
100 g süße Mandeln
10 g bittere Mandeln
150 g Zitronat
100 g Orangeat
100 g Zucker

1 Hefe in etwas lauwarmer Milch auflösen und 15 Minuten gehen lassen. Danach mit Milch, Mehl, Butter und Gewürzen zu Teig verkneten. Zutaten gleichmäßig zugeben und den Stollen etwa eine Stunde zugedeckt gehen lassen.

2 Aus dem Teig zwei längliche Rollen formen, mit einem Rundholz in der Mitte vorsichtig etwas platter rollen und danach den dünneren Teigboden wieder zur Mitte hin umschlagen (geschlagene Stollenform). Bei 180 Grad ca. 60 Minuten backen.

3 150 g Butter zerlassen und den Stollen damit bestreichen. Mit Puderzucker bestäuben. Stollen etwa zwei Wochen in einer mit einem Leintuch bedeckten Holzwanne ziehen lassen

Übrigens:
Es konnte zu DDR-Zeiten nicht schaden, schon im Sommer Zutaten für den Stollen zu »hamstern«. Orangeat und Zitronat wurden bei der Verwandtschaft per Westpaket bestellt oder es wurde Kandinat genutzt. Kandinat M war der Ersatz für Orangeat und bestand aus gekochten, kandierten Möhren. Kandinat T diente als Zitronat und bestand aus kandierten grünen Tomaten.

Adventsbrot

1 kg Mehl
½ TL Salz
40 g Hefe
50 ml lauwarme Milch
125 g Zucker
150 g Butter
½ abgeriebene Zitronenschale
1 Eierbecher Rum
1 Prise Muskat
100 g Rosinen
je 50 g Orangeat und Zitronat
200 g gehackte Walnüsse
100 g gehackte Haselnüsse
kandierte Früchte
2 Eigelbe

Das Mehl auf eine Arbeitsfläche häufeln, in die Mitte eine Mulde drücken. Die Hefe mit der Milch zerbröckeln und zusammen mit dem Zucker auflösen, dann in die Mulde gießen. Von der Mitte her einen Teig kneten und nach und nach die Zutaten daruntergeben, flöckchenweise Butter sowie Zitronenschale, Rum, Muskat. Den Teig mindestens 10 Minuten gut durchkneten und dann 1 Stunde zugedeckt ruhen lassen.
Nochmals durchkneten und nun die Trockenfrüchte und Nüsse untermischen.
Den Teig in 2 Hälften teilen und zu 2 kleineren Broten formen. Das Brot mit dem verquirlten Eigelb bestreichen und im vorgeheizten Ofen bei 180 – 200 Grad ca. 45 Minuten ausbacken.

Übrigens:
Schön sieht das Brot aus, wenn es nach dem Backen noch warm mit warmer Aprikosenmarmelade bepinselt wird.

Honigkuchen

250 g Honig
500 g Mehl
250 g Zucker
150 g Aprikosenmarmelade
2 Eier
2 EL Milch
1 Pck. Lebkuchengewürz
verschiedene weitere Gewürze:
Anis, Zimt, Kardamom, Pottasche
halbierte, geschälte Mandeln
Belegkirschen
Pistazien zum Garnieren

Den Honig mit dem Zucker in einem Topf schmelzen, vom Herd nehmen, in eine Schüssel geben und abkühlen lassen.
Die Eier hinzufügen und schaumig schlagen. Die Gewürze zugeben, die Pottasche in der Milch auflösen und ebenfalls zugeben. Das Mehl mit dem Backpulver mischen und auf eine Arbeitsfläche sieben. Die Ei-Honig-Masse dazugeben und alles zu einem glatten Teig verkneten. Den Teig in Klarsichtfolie wickeln und 1–2 Stunden im Kühlschrank ruhen lassen.
Den Teig auf einer bemehlten Arbeitsfläche nicht zu dünn ausrollen, auf ein mit Backpapier ausgelegtes Backblech legen und über Nacht trocknen lassen. Anschließend im auf 180 Grad vorgeheizten Backofen 15–20 Minuten backen. Herausnehmen und auf einem Kuchengitter leicht abkühlen lassen.
Die Aprikosenmarmelade durch ein Sieb streichen und den Kuchen damit überziehen. Mit den Mandeln, den Belegkirschen und Pistazien garnieren. Den Honigkuchen erst 1–2 Tage offen lagern, anschließend in einer Dose aufbewahren, so bleibt er schön weich. Man kann die Hälfte des Kuchens auch mit flüssiger Kuvertüre bestreichen.

Omas Pfefferkuchen

500 g Mehl
500 g Honig
1 TL Zimt
1 Msp. Nelken
Kardamom
Zitronenabrieb
80 g gemahlene Mandeln
50 g klein gehacktes Zitronat
1 Pck. Backpulver
2 – 3 EL Kakao

1 Honig auf kleinem Feuer schmelzen lassen und abgekühlt mit den Gewürzen, gemahlenen Mandeln, dem Zitronat und nach und nach mit dem mit Backpulver vermischten Mehl durchkneten. Dann den Kakao dazugeben. Den Teig 2 Stunden an einem kühlen Ort ruhen lassen.

2 Den Teig auf einer bemehlten Arbeitsfläche ausrollen und beliebige Formen ausstechen. Die Pfefferkuchen auf ein gefettetes, bemehltes Backblech setzen und nochmals 20 Minuten ruhen lassen. Bei 180 Grad 12 – 15 Minuten ausbacken.

3 Nach dem Backen erkalten lassen und mit Schokoladen- oder Zitronenglasur bepinseln.

Übrigens:
Damit die Pfefferkuchen schön weich bleiben, kann man einen aufgeschnittenen Apfel mit in die Keksdose legen.

Lebkuchenhaus

Für den Teig:
500 g Zuckerrübensaft
250 g Zucker
100 g Butter
2 Eier
600 g Weizenmehl Type 550
400 g Haferflocken (blütenzart)
5 TL Backpulver
4 EL Kakao
2 TL Zimt
1 TL Anis (gemahlen)
½ TL Gewürznelken (gemahlen)

Für den Guss und die Dekoration:
4 Eiweiß
1 kg Puderzucker
Schokolinsen
kleine Kekse

Zuckerrübensaft und Zucker leicht erwärmen und verrühren. Mit der weichen Butter, den Eiern, Mehl, Haferflocken, Backpulver, Kakao und den Gewürzen zu einem glatten Teig verkneten. Den Backofen auf 200 Grad vorheizen. 1–2 Backbleche mit Backpapier auslegen. Den Teig ca. 1 cm dick ausrollen. Anhand der vorgefertigten Schablonen die einzelnen Teile ausschneiden und auf das Backblech legen. Etwa 15 Minuten backen, anschließend auskühlen lassen. Das Eiweiß sehr steif schlagen. 200 g Puderzucker darübersieben. Zu einem festen Zuckerguss verrühren und in kleine Spritztüllen füllen. Ein Tablett oder eine große Kuchenplatte als Unterlage verwenden. Die Giebelseiten und die Seitenwände mit Zuckerguss aneinanderkleben. Anschließend das Dach aufsetzen und jede Nahtstelle ein zweites Mal mit Zuckerguss abdichten. Den Schornstein zusammensetzen, auf das Dach kleben und mit Zuckerguss verzieren. Schokolinsen, kleine Kekse und andere dekorative Süßigkeiten mit etwas Zuckerguss am Lebkuchenhaus befestigen. Es macht schon etwas Mühe, ist aber ein märchenhaftes Naschvergnügen.

Übrigens:
Für die Schablonen benötigen Sie feste Pappe, z. B. Zeichenkarton aus dem Bastelladen. Jeweils 2 Rechtecke für das Dach (21 x 25 cm) und die Seitenwände (21 x 8 cm) sowie 4 Rechtecke (2,5 x 4 cm) für den Schornstein ausschneiden. Danach die beiden Giebelteile (Basis: 20 cm, Giebelhöhe: 20 cm, Seitenwandhöhe: 8 cm) ausschneiden. Dabei die Öffnungen für Fenster und Türen nicht vergessen.

Schokoladenplätzchen

Für den Teig:
150 g Butter
2 Eier
175 g Zucker
200 g Mehl
100 g Stärkemehl
3 gestrichene TL Backpulver
100 g geriebene Haselnüsse
100 g geriebene Zartbitter-schokolade

Für die Glasur:
200 g Puderzucker
3 EL Zitronensaft

Butter sahnig rühren und mit den übrigen Zutaten vermischen. Den Teig ca. 1 Stunde kalt ruhen lassen. Auf einer bemehlten Arbeitsfläche 2 cm dick ausrollen und mit kleinen Ausstechformen beliebige Förmchen ausstechen. Auf ein gefettetes Backblech setzen und auf der zweiten Schiene von unten ca. 15 Minuten bei kleiner Hitze backen. Noch warm mit Zitronenglasur bestreichen. Für die Zitronenglasur den gesiebten Puderzucker mit dem Zitronensaft so lange rühren, bis eine dickliche Masse entsteht. Man kann auch 3 EL heißes Wasser und einige Tropfen Zitronenaroma nehmen.

Mandelplätzchen

4 Eiweiß
200 g feiner Zucker
1 EL Zitronensaft
1 ½ TL Zitronensaft und Zitronenabrieb
250 g Mandeln (gehobelt)
1 Prise Salz

Eiweiß mit 1 Prise Salz steif schlagen.
Der Schnee muss so fest sein, dass ein Messerschnitt sichtbar bleibt. Nach und nach Zucker unterschlagen, Zitronensaft, Zitronenabrieb ebenfalls peu à peu kurz unterschlagen. Mandeln vorsichtig unterheben. Von dem Teig mit 2 TL Häufchen mit Abstand auf ein mit Backpapier ausgelegtes Backblech setzen. Teighäufchen mit Mandelsplitter bestreuen. Bei 140 Grad Ober- und Unterhitze ca. 20 Minuten ausbacken. Die Plätzchen mit dem Backpapier vom Kuchenblech ziehen. Plätzchen erkalten lassen.

Übrigens:
Wer in der DDR keine Mandeln beschaffen konnte, nahm ersatzweise getrocknete und feingemahlene Pflaumenkerne.

MARCUS BEHMER
Niemand
wider sein

Nussbusserl

Für den Teig:
350 g Mehl
150 g Butter
100 g Puderzucker
2 Pck. Vanillinzucker
1 Prise Salz
1 Ei
6 Eigelbe
60 g Walnusskerne
1 Msp. gemahlene Nelken
1 Msp. Muskatnuss
2 EL Rum

Für den Guss:
220 g Aprikosenkonfitüre
100 g Puderzucker
ca. 50 – 60 Walnusshälften zum Verzieren

1 Butter, Puderzucker, Vanillinzucker, Salz, Ei und Eigelb mit dem Mixer schaumig schlagen. Walnusskerne fein mahlen und mit dem Mehl mischen. Nuss-Mehl-Mischung, Nelken, Muskatnuss und Rum zur Fett-Ei-Masse geben und alles zu einem glatten Teig verkneten. Zu einer Kugel formen, in Folie wickeln und 2 Stunden kalt stellen.

2 Backblech fetten, Teig zu walnussgroßen Kugeln formen und auf das Blech legen. Im vorgeheizten Ofen bei 150 Grad 20 Minuten backen. Konfitüre erhitzen und durch ein Sieb streichen. Nussbusserl sofort nach dem Backen mit der Konfitüre bestreichen und trocknen lassen. Puderzucker mit 1 – 2 EL heißem Wasser zu einem glatten Guss verrühren. Busserl damit bestreichen und je eine Walnusshälfte daraufsetzen.
Gut trocknen lassen und dann in einer Keksdose aufbewahren. Dieses Gebäck hält sich lange und schmeckt sehr lecker.

Herzhafte Backideen

Zwiebelkuchen

Für den Teig:
200 g Mehl
100 g Butter
1 Eigelb
½ TL Salz
1 EL Wasser

Für die Füllung:
150 g geschälte Zwiebeln
40 g Butter
100 g durchwachsener Speck
250 g Bergkäse
4 Eier
½ TL Salz
frisch gemahlener Pfeffer
3 EL gemischte frische Kräuter
(wie Schnittlauch, Petersilie,
Thymian, Liebstöckel, Salbei)
¼ Ltr. Sahne

Außerdem:
1 Quicheform
(26 cm Durchmesser)
Hülsenfrüchte zum Blindbacken

1 Für den Mürbeteig das Mehl auf eine Arbeitsplatte sieben, in die Mitte eine Mulde drücken und die Butter in Stücken, das Eigelb, das Salz und das Wasser hineingeben. Die Zutaten zunächst mit einem Messer zusammenhacken. Anschließend mit kalten Händen rasch zu einem geschmeidigen Teig kneten. In Folie gewickelt 1 Stunde im Kühlschrank ruhen lassen. Auf einer bemehlten Arbeitsplatte rund und gleichmäßig dick ausrollen und in die Form legen, dabei den Teig etwas andrücken.
Tipp: Den ausgerollten Teig mit einem Rollholz aufnehmen und über der Form wieder abrollen, den Rand andrücken, überstehenden Teig mit einem Messer abschneiden. Den Teigboden mit Backpapier auslegen, mit Linsen füllen und etwa 10 Minuten bei 200 Grad im vorgeheizten Ofen blind backen. Die Hülsenfrüchte ausschütten und das Papier entfernen. Auf diese Weise erhalten die Teigränder »Stand« und der Boden bleibt flach.

2 Die Zwiebeln in feine Ringe schneiden und in der erwärmten Butter glasig dünsten. Den Speck in feine Würfel schneiden, zu den Zwiebeln geben und einige Minuten mitdünsten. Abkühlen lassen. Den Käse frisch reiben. Die Kräuter klein hacken. Die Zwiebeln, den Speck, den Käse und die Eier in eine Schüssel geben. Salz, Pfeffer, die gehackten Kräuter und zum Schluss die Sahne zugeben. Die Zutaten verrühren, auf den vorgebackenen Teig gießen und glatt streichen.
Den Zwiebelkuchen bei 200 Grad im vorgeheizten Ofen 35 – 40 Minuten braun backen.

Dätscher nach Südthüringer Art

1500 g mittelgroße, mehlig kochende Kartoffeln
Mehl
Kartoffelstärke
Grieß
½ TL Salz
etwas Muskatnuss
3 Eier
2 Zwiebeln
250 g Speck
250 g saure Sahne
1 TL Mehl
1 Prise Salz

1 Kartoffeln als Pellkartoffeln kochen, abpellen und heiß durch eine Quetsche in eine große Schüssel drücken. Die Kartoffelmasse so in der Schüssel zurechtschieben, dass sie wie die Dreiviertelstunde auf dem Ziffernblatt der Uhr aussieht. Das fehlende Viertel mit Mehl, Kartoffelstärke und Grieß zu etwa gleichen Teilen auffüllen. Salz, Muskatnuss und 1 Ei zufügen und die Masse mit bemehlten Händen zu einem Teig kneten. Den Teig ausrollen, in eine gefettete Auflaufform legen und einen Rand kniffen.

2 Speck und Zwiebeln dünsten und auf dem Teig verteilen.

3 Aus der sauren Sahne, 2 Eiern, 1 TL Mehl und 1 Prise Salz einen Guss bereiten und gleichmäßig auf dem Kuchen verteilen. Bei 200 – 220 Grad im vorgeheizten Backofen so lange backen, bis der Guss goldbraune Flecke wirft.

Übrigens:
Wer es süß mag, kann auch frische, entsteinte Zwetschgen oder Heidelbeeren als Belag für den Kartoffelkuchen wählen.

Piroggen mit Hackfleisch

50 g Mehl (Type 550)
½ TL Salz
½ Würfel Hefe
3 EL weiche Butter
1 Ei
1 Knoblauchzehe
1 Zwiebel
2 EL Sonnenblumenöl
200 g gemischtes Hackfleisch
100 g Sauerkraut
¼ TL Kümmelsamen
1 TL edelsüßer Paprika
3 EL saure Sahne
Salz, Pfeffer
etwas Mehl
1 Eigelb
250 g saure Sahne zum Servieren

1 Für den Teig Mehl und Salz in einer Schüssel mischen. Die Hefe in 80 ml lauwarmes Wasser bröckeln und darin auflösen. Mit der Butter und dem Ei zum Mehl geben. Alles mit den Knethaken des Handrührgerätes zu einem glatten Teig verkneten. Abgedeckt an einem warmen Ort 45 Minuten gehen lassen.

2 Inzwischen für die Füllung den Knoblauch schälen und durch die Presse drücken. Die Zwiebel schälen und fein würfeln. Öl in einer großen Pfanne erhitzen. Knoblauch und Zwiebel darin 2 Minuten andünsten. Hackfleisch dazugeben und bei starker Hitze 3 Minuten braten. Sauerkraut gut ausdrücken und mit dem Kümmel und dem Paprikapulver zum Hackfleisch geben, 1 Minute mitbraten. Die Mischung abkühlen lassen, dann die saure Sahne untermischen, mit Salz und Pfeffer würzen.

3 Den Backofen auf 220 Grad vorheizen. Ein Backblech mit Backpapier auslegen. Den Teig auf einer leicht bemehlten Arbeitsfläche nochmals gut durchkneten und ½ cm dick ausrollen. Mit einem Glas oder einer Tasse (10 cm Durchmesser) ca. 12 Kreise ausstechen. Die Teigkreise mit etwas Wasser bepinseln, die Füllung in die Mitte der Kreise setzen. Den Teig über der Füllung zusammenklappen, so dass Halbmonde entstehen, und die Ränder fest zusammendrücken. Mit der Gabel mehrmals einstechen und auf das Blech legen. Das Eigelb mit 1 EL Wasser glatt verquirlen und die gefüllten Piroggen damit gleichmäßig einstreichen. Im Ofen (zweite Schiene von unten) in ca. 20 Minuten goldbraun backen. Mit der sauren Sahne servieren.

Käsekuchen nach Altberliner Art

125 g Emmentaler Käse
100 g gekochten Schinken
100 g Butter
3 Eier
100 g Mehl
1 gestrichener TL Backpulver
1 TL Senf
½ EL gehackte Petersilie
½ EL Schnittlauchröllchen
frisch gemahlener Pfeffer
1 EL Öl
2 EL Semmelbrösel

1 Backofen auf 180 Grad (Unter-/Oberhitze) vorheizen. Käse und Schinken würfeln. Die Butter cremig rühren. Eier, Mehl, Senf und Backpulver zufügen und zu einem glatten Teig verrühren. Nun Käse, Schinken, Kräuter und Pfeffer dazugeben und mit einem Löffel unter den Teig heben.

2 Eine Kastenform mit dem Öl auspinseln und mit Semmelbröseln ausstreuen. Den Teig in die Form füllen, in den Backofen geben und ca. 35 Minuten backen. Danach Kuchen aus der Form stürzen und auf einem Kuchengitter auskühlen lassen.

Rezeptregister

Adventsbrot 135
Ameisenkuchen 73
Apfel im Schlafrock 115
Apfelstrudel 43
Aprikosenkuchen 45

Baumkuchen 23
Berliner Pfannkuchen 97
Buchteln mit
Aprikosen-Marzipan-Füllung 101
Buchteln mit
feiner Nougatfüllung 103

Dätscher
nach Südthüringer Art 153
Dresdner Stollen 133

Eberswalder Spritzkuchen 29
Eierlikörkuchen 19
Eierschecke 25
Erdbeer-Joghurt-Schnitten 47

Festtagstorte 85

Gemischte Beerentorte 79
Gerührter Gugelhupf 13
Glasperlenplätzchen 127

Himbeerschaumtorte 81
Himbeertorte 77
Hirschhornkuchen 53
Honigkuchen 137

Kalter Hund 65
Käsekuchen
nach Altberliner Art 157
Kokos-Bienenstich 51
Krokantkranz 93

Lebkuchenhaus 141
Lebkuchenherzen 117
Leipziger Lerchen 27
Liebesknochen 33
LPG-Kuchen 57

Mandelplätzchen 145
Mandelschiffchen 131
Marmorkuchen 15
Meißner Quarktorte 21
Milchhörnchen 109
Mohnkuchen 55
Mohnküchlein 105

Napfkuchen 11
Nussbusserl 147

Omas Früchtelebkuchen 129
Omas Kirchweihküchle 113
Omas Pfefferkuchen 139
Orangenweincreme-Torte
in Eiform 89
Osterbrezel 125
Osterbrot 123
Osterhasen 121
Ostertorte 87
Osterzopf 119

Papageienkuchen 63
Pflaumenauflauf 49
Pflaumenkuchen 39
Piroggen mit Hackfleisch 155
Prasselkuchen 31

Quarkspitzen 99

Reformationsbrötchen 111
Rehrücken 69

Schneeflockentorte 83
Schneewittchenkuchen 67
Schokoladenplätzchen 143
Selterskuchen 71

Teufelskuchen 59
Thüringer Rhabarberkuchen 41

Waffeln 107

Zitronenkuchen 17
Zitronentorte mit Baiserhaube 91
Zupfkuchen 35
Zwiebelkuchen 151